手ぬいで作る！
基礎からはじめる赤ちゃん服

著◎高橋恵美子

手ぬいは、はじめてぬいものをする人にやさしいぬい方です。
小さな赤ちゃんのための服や小物は、タオルやてぬぐいの端やみみを上手に使うと簡単に作ることができます。
やわらかい素材を選んで、小さなものからはじめてみませんか。ふっくらとしたかわいらしい仕上がりに
思わずほほえんでしまいます。あなたも小さなひと針から始めてみませんか。

CONTENTS

	page	LESSON
✳ 手ぬいの基本		
手ぬいの道具	2	
タオルとてぬぐい	3	
手ぬいレッスン	4-5	
作ってみましょう（帽子3種）	18	19-23
ベビードレス	6	8-9
ベスト	7	10
ブラウスとパンツ	12	14-15
哺乳瓶入れとポーチ	13	11
ベビーシューズ	16	17
コンビロンパース	24-25	26-27
スタイと帽子セット2種	28-29	30-31
ボレロ	32	36
ロンパース	33	34-35
お食事エプロン2種	38-39	40-41
アヒルのぬいぐるみ	39	37
じんべい	42	43-44
ポンチョと帽子	46	45、47
クマのぬいぐるみ	48	49
❋ pattern（型紙）	50-54	
❋ 索引	55	

この本のサイズ

この本の服は、参考サイズ表を基準に作りました。どの服もワンサイズで、新生児から24ヵ月までの月齢で表示してあるので、赤ちゃんに合ったサイズを選んでください。

月齢	新生児	3ヵ月	6ヵ月	12ヵ月	24ヵ月
身長(cm)	50	60	70	80	90
体重(kg)	3	6	8	11	13

手ぬいの道具

手ぬいの基本

基本になる道具は針と糸とはさみ。
そのほか、いくつかの便利な道具をそろえておけば、この本の作品はすべて作ることができます。

糸／フジックス
用具／クロバー

① はさみ（小型）
糸切りとしても、布切りとしても使える大きさのはさみ。切れ味のよいものを選びます。

② まち針
針が細くて布通りがよいものが使いやすいでしょう。

③ 手ぬい針
細めで布通りがよく、手が疲れない"四ノ三"の絹針を使います。四は針の太さを、三は針の長さを表しています。

④ 手ぬい糸（シャッペスパン手ぬい糸）
丈夫でぬいやすいポリエステルの手ぬい専用糸。糸を右よりにしてあるので、なめらかにぬうことができて、糸がからみません。ボタンつけ糸としても使います。

⑤ ピンクッション
針、糸とセットで用意しておきます。タオルの端布に毛糸などを入れて手作りしましょう。

⑥ フランス刺しゅう針（No.3）
ステッチをするときに使う針。⑦のステッチ糸にはこの針を使います。

⑦ ステッチ糸（手ぬいステッチ糸MOCO）
光沢のない1本どりのステッチ専用糸。ナチュラルでやさしい雰囲気になります。

⑧ スレダー（刺しゅう糸用糸通し）
フランス刺しゅう針にステッチ糸を通すためのスレダー。太い糸がスムーズに通ります。

⑨ ひも通し
袋口、ウエスト、袖口などに、スピーディーにリボンやゴムテープを通すことができます。

⑩ チャコペン
印つけに欠かせないマーカータイプの道具。時間がたつと自然に消えるものと水や消しペンで消すことができるタイプを使い分けます。

⑪ スレダー（糸通し）
手早く簡単に糸を通すことができる便利な道具です。

⑫ メジャー
寸法やカーブを測るときに使います。正確に測れるものを選びましょう。

手ぬいの基本

タオルとてぬぐい

＊この本で紹介しているサイズはあくまでも目安です。
＊手持ちのタオルとサイズが違うときには、衿ぐりなどは寸法どおりにして、着丈などで調節をしましょう。

タオル

サイズだけでなく、コットンや綿麻などの素材、パイルやガーゼなど織り方のほか、従来より軽さや風合いにこだわったりすぐに乾くタオルなど、糸そのものに新しい加工を施した新感覚のタオルがいろいろあります。この本では、普通のタオルのほかに、赤ちゃん服にぴったりの特長を持つ新しい素材のタオルを使いました。

◉ **中空糸**…中心部にすきまのある糸。空気の層を含むので、軽くてやわらかい肌触り。
◉ **マイクロファイバー**…髪の毛の1/100という超極細繊維。吸水性があって速乾性に優れ、毛羽が出ません。
◉ **無撚糸**…毛羽の少ない加工を施したよりのない糸。風合いがふんわりやわらか。
◉ **オーガニックコットン**…安全性にこだわった綿花を使い、工程もシンプルにしたタオル。

❀ **フェイスタオル**
素材や色柄がいろいろあり、サイズも幅が約33～35cm、長さが約76～90cmと多種多様。タオルハンガーに掛けたときの正面側にポイントがあるデザインのものが多くあります。

❀ **タオルチーフ**
ハンカチタイプのタオルで、約20～30cm×約20～30cm四方といろいろな正方形のもの。周囲の縁どりがアクセントになったり、ワンポイント刺しゅうが入ったものなどがあります。

❀ **ゲストタオル**
フェイスタオルとおそろいで作られているものが中心。サイズは幅が約30～35cm、長さはフェイスタオルの半分。片方のみみ側に刺しゅうなどを施したタイプがそろっています。

てぬぐい

木綿の晒に四季折々のモチーフを染め抜いた布としておなじみ。この本では幅37cm、長さ90～98cmのサイズのてぬぐいを使っています。最近では、てぬぐいだけを扱う専門店やコーナーがあり、古典的な柄からモダンな柄まで多くの種類が手に入るようになりました。

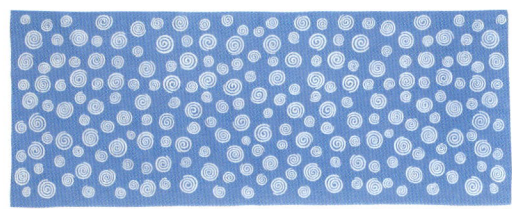

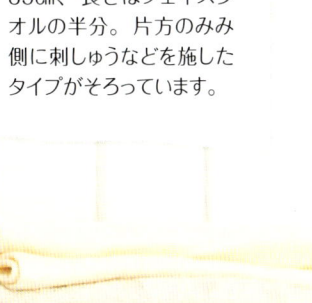

タオル／内野　てぬぐい／ちどり屋

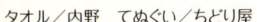

手ぬいの基本

手ぬいレッスン

手ぬいのために覚えるのは、5つのぬい方と3つのぬいしろの整え方。
丈夫で着心地よくぬい上げるために、ぬい方を使い分けます。
＊その他の手ぬいのテクニックやポイント、型紙の作り方などは、18〜23ページをご覧ください。

基本のぬい方

並ぬい

手ぬいの基本のぬい方。
ちくちくリズミカルに針を動かしてぬいます。

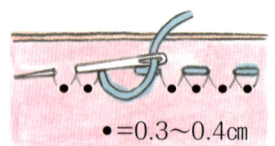

●=0.3〜0.4cm

〈断面図〉

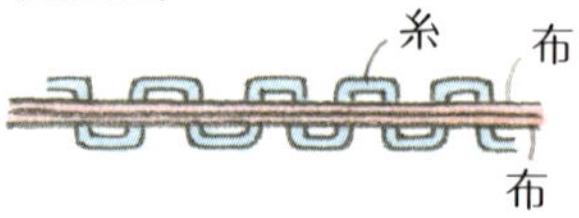

針を向こうに出すときは、針を押しながら左手で持った布を手前に引き、針を手前に出すときは、布を向こう側に引く。

本返しぬい

ひも、テープ、ループをつけるときの丈夫なぬい方。等間隔のぬい目が続きます。

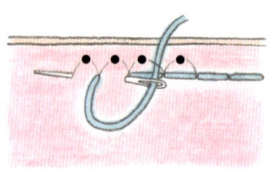

針を前のぬい目に戻し、ふた針先に針を出していく。

返しぐしぬい

2、3針並ぬいしたら、ひと針返しぬいをくり返します。
丈夫に仕上げたい部分に。

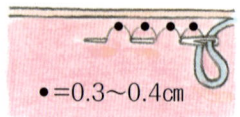

●=0.3〜0.4cm

1 等間隔に2、3針並ぬいする。

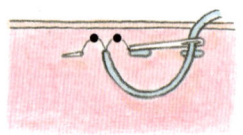

2 ひと針分返して針を入れ、ふた針向こうに出す。

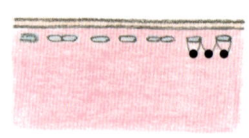

返しぬいしたところは、ぬい目が続きます。

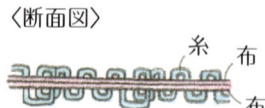

〈断面図〉

たてまつり

バイアステープをつけたり、アップリケをするときに使うぬい方。

糸が直角に渡るように布を小さくすくう

折り山に糸を出す

コの字まつり

返し口を閉じるときに使うぬい方。
ぬい目が表からも裏からも見えません。

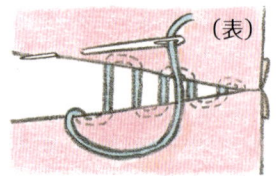

（表）

ぬいしろの整え方

袋ぬい
ぬいしろの仕上げの基本になるぬい方です。

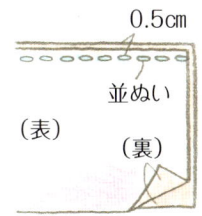
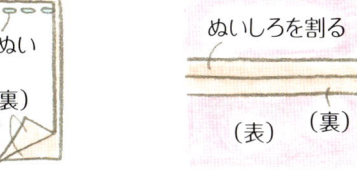
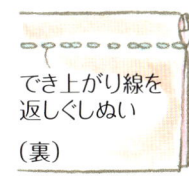
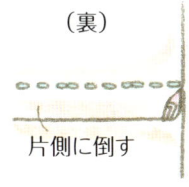

1 外表に合わせて並ぬいする。

2 ぬいしろをアイロンか爪アイロンで割る。

3 中表に合わせ直し、返しぐしぬいする。

4 袋状になったぬいしろを倒す。

割り伏せぬい
スリットなど、ぬいしろを割る部分に使うぬい方です。

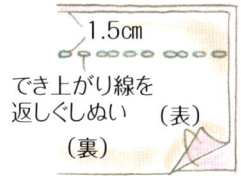
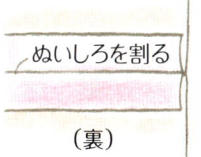
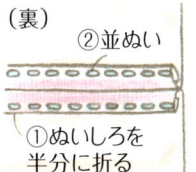
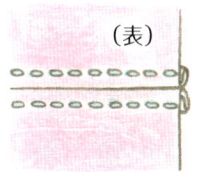

1 中表に合わせて返しぐしぬいする。

2 ぬいしろをアイロンか爪アイロンで割る。

3 ぬいしろを半分に折りこんで、並ぬいする。

4 表には2本のステッチが出る。

折り伏せぬい
袖つけなど、丈夫にしたいところに使います。

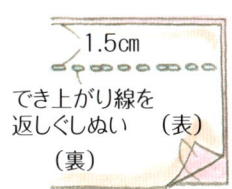

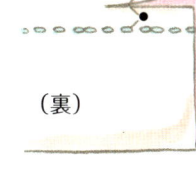
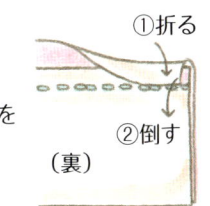
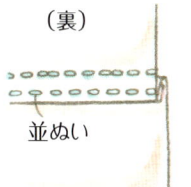

1 中表に合わせて返しぐしぬいする。

2 ぬいしろを倒す側の1枚を半分に切る。

3 切っていないほうのぬいしろを半分に折って倒す。

4 布を開き、ぬいしろを倒して並ぬいで押さえる。

フェイスタオル2枚で ベビードレス

作り方 8—9

フェイスタオル2枚で ベビードレス

[新生児～12ヵ月くらい]

裾のレースがかわいい真っ白なタオルのベビードレスは、特別な日のおしゃれ着や外出着として一年中活躍します。肌にやさしいガーゼのバイアス、刺しゅうボタンでナチュラルな仕上がりです。

フェイスタオル1枚で ベスト

[新生児～12ヵ月くらい]

着せたり脱がせたりの簡単なベストは一年中重宝する1着。
ふわふわの無撚糸の軽いタオルで作れば、
重ね着しても赤ちゃんはにこにこ。
胸にはかわいい小鳥のアップリケをつけました。

フェイスタオル1枚で ベスト

＊ 作り方 10

LESSON

ベビードレス

RECIPE

用意するもの

フェイスタオル［ブランレース／W］
　…33×90.5cmを2枚
ガーゼバイアステープ（縁どり）
　…1.1cm幅125cm
ファスナップ（白）…56cm
ゴムテープ…0.5cm幅32cm
ボタン2種…直径1.6cmを各3個
手ぬい糸［シャッペスパン］
　…白（#401）

［裁ち方］
→ 部分型紙a、bは54ページ
→ 型紙の使い方は19ページ
　□の数字のぬいしろを含む
● 単位＝cm

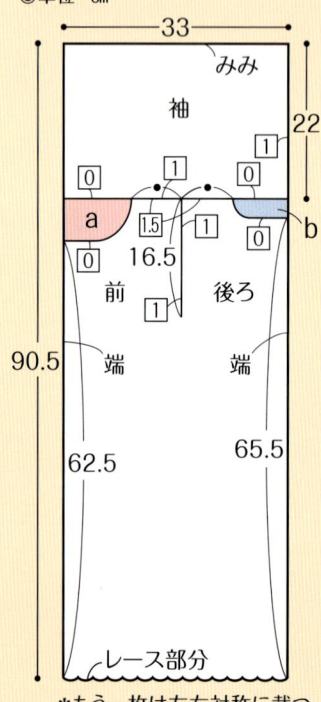

*もう一枚は左右対称に裁つ

1 フェイスタオル2枚をカットする

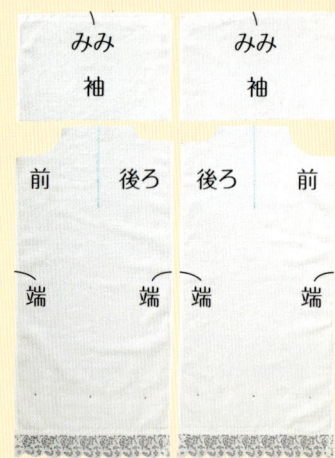

2 後ろ中央をぬい、袖ぐりの切りこみを入れる

3 肩を割り伏せぬいでぬう

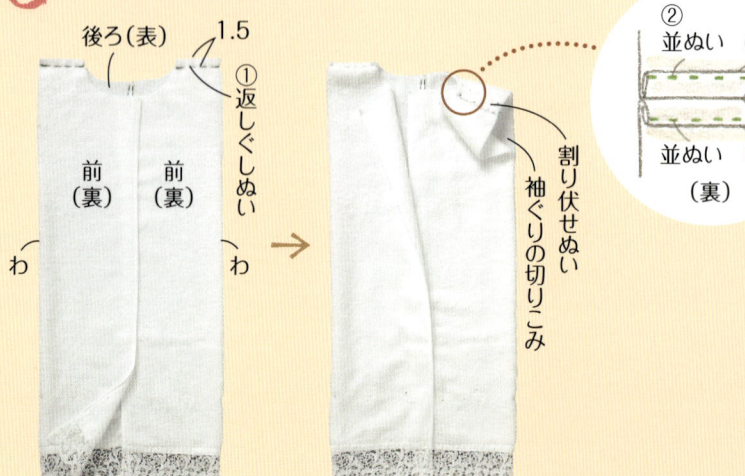

袖をぬい、身頃につける

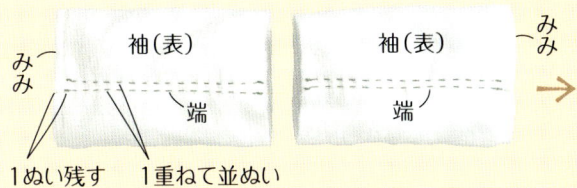
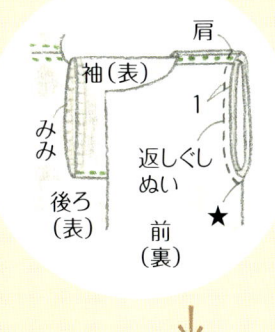
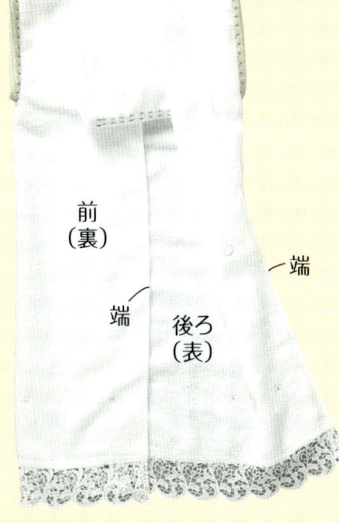

5 前中央にファスナップをつけ、衿ぐりをバイアステープでくるむ

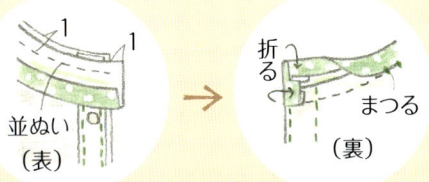
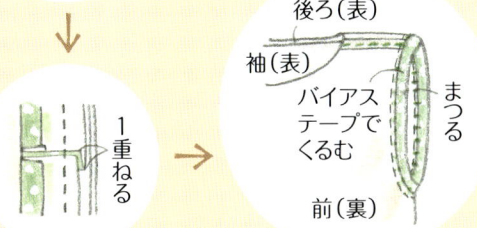
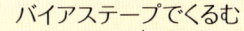
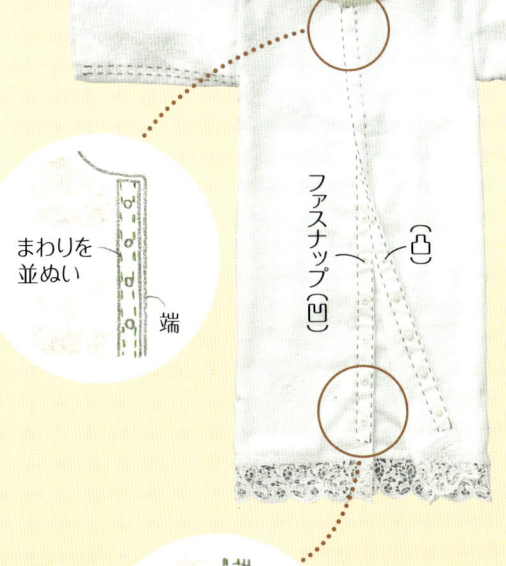

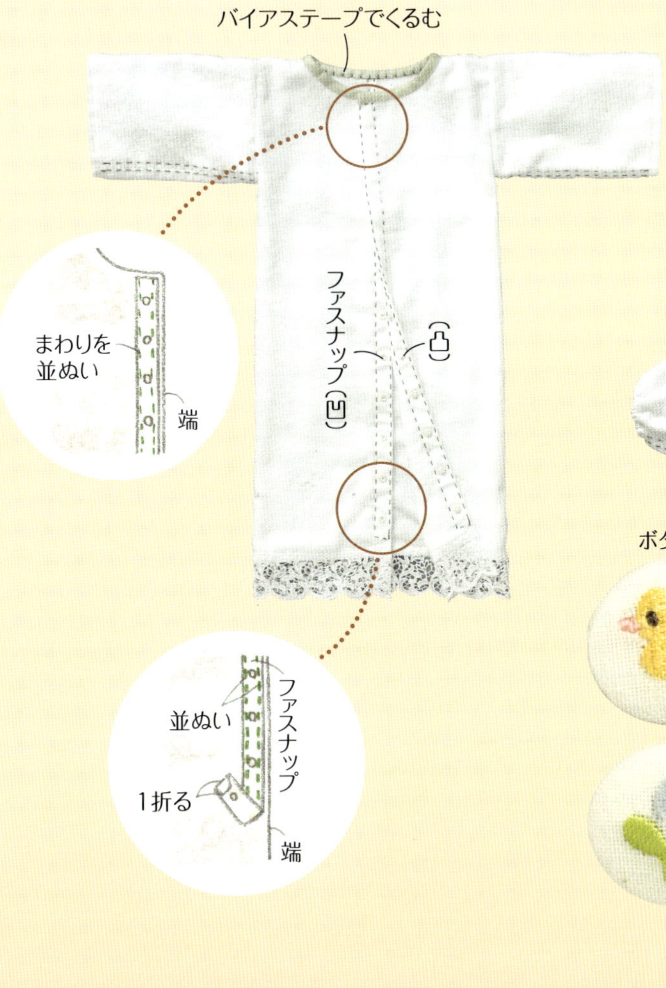

6 飾りボタンをつけ、袖口にゴムテープを通す

LESSON ベビードレス

ベスト

RECIPE

●用意するもの
フェイスタオル
[無撚糸ガーゼドット／W]
…34×85cmを1枚
ガーゼバイアステープ（縁どり）
…1.1cm幅165cm
プリント綿テープ…1.6cm幅100cm
アップリケ（35ページ）
…4×2cmを1個
手ぬい糸[シャッペスパン]
…白（#401）
手ぬいステッチ糸[MOCO]
…水色（#70）

[裁ち方]
➡部分型紙a、b、cは52ページ
➡型紙の使い方は19ページ
☐の数字のぬいしろを含む
●単位＝cm

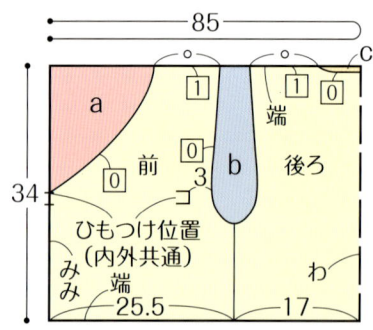

1 フェイスタオル1枚をカットする

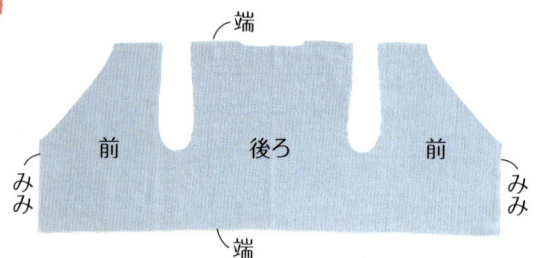

2 前身頃、後ろ身頃を中表に合わせ、肩をぬう

3 衿ぐりと袖ぐりをバイアステープでくるむ

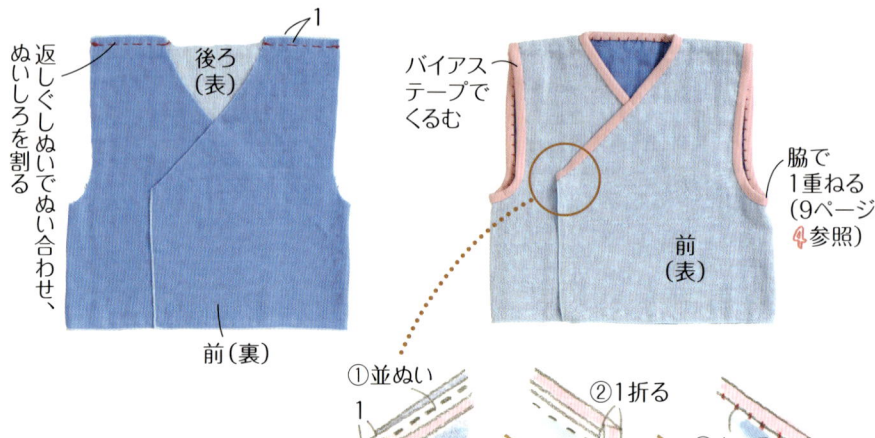

4 外ひもと内ひもをつける

5 裾をステッチし、胸もとにアップリケをつける

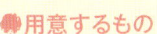

哺乳瓶入れとポーチ

RECIPE

用意するもの
ゲストタオル[グリーンクローバー]
　…34×40cmを1枚
ガーゼバイアステープ（縁どり）
　…1.1cm幅85cm
プリント綿テープ…1.6cm幅100cm
アップリケ2種…各2個
手ぬい糸[シャッペスパン]
　…白(#401)

[裁ち方]
□の数字のぬいしろを含む
●単位＝cm

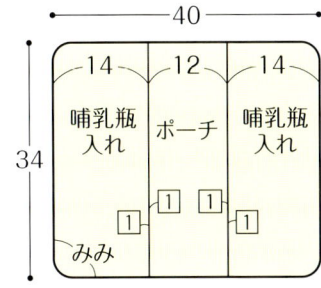

1 ゲストタオルをカットする

● 哺乳瓶入れ

2 外表に合わせ、裁ち端をバイアステープでくるみ、まわりをぬう

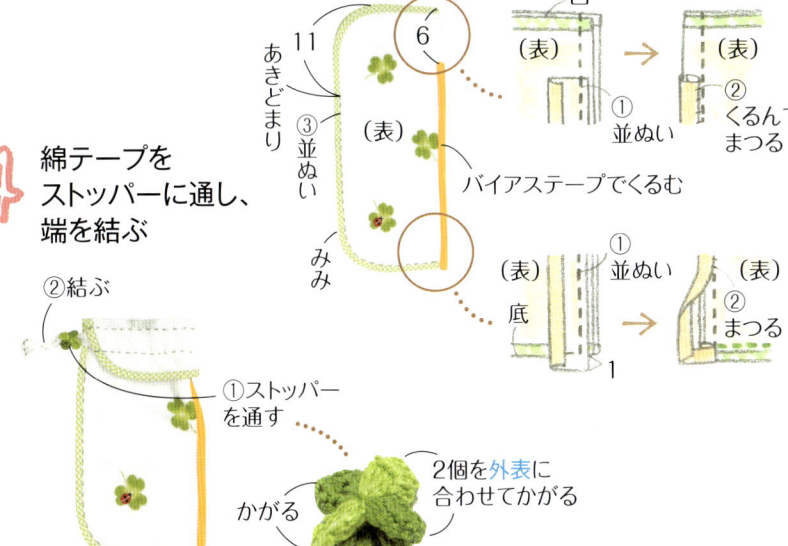

3 口を折り返して、ひも通し口をぬい、綿テープを通す

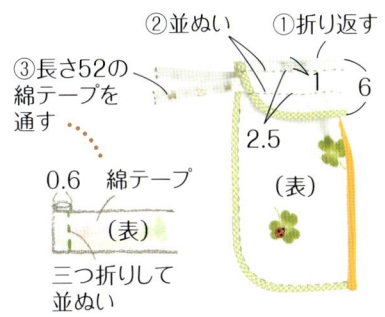

4 綿テープをストッパーに通し、端を結ぶ

● ポーチ

2 裁ち端をバイアステープでくるむ（哺乳瓶入れ参照）

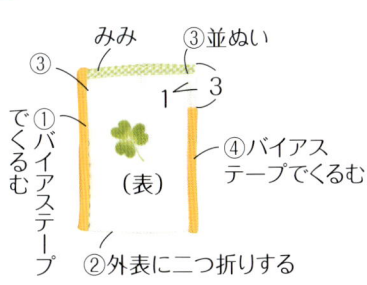

3 口を折り返してひも通し口をぬい、綿テープを通す

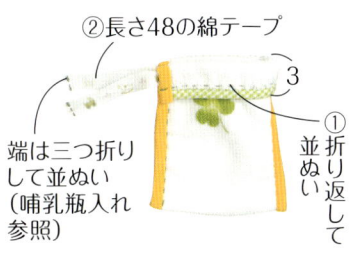

4 綿テープをストッパーに通し、端を結ぶ

てぬぐい2枚で ブラウスとパンツ

[6ヵ月～12ヵ月くらい]

てぬぐいの布端を利用しているので、お昼寝の間にぬいあがってしまうブラウスとパンツのセット。
胸もとのオレンジの小鳥がポイントです。各部分のゴムテープの長さは、赤ちゃんの体格に合わせて調節してください。

ゲストタオル1枚で 哺乳瓶入れとポーチ

[新生児〜]

ギンガムチェックの縁どりとプリント柄がかわいいタオルが2つの袋ものに。
おもちゃやシューズなど、細々とした赤ちゃんの小物入れにしてもいいですね。

ブラウス・パンツ

LESSON

用意するもの
てぬぐい……37×90cmを2枚
ガーゼバイアステープ（両折）
…1.27cm幅140cm
ゴムテープ…0.5cm幅125cm
手ぬい糸[シャッペスパン]
…黄緑（#51）

[裁ち方]
⇒部分型紙a、b、cは52ページ
⇒型紙の使い方は19ページ
□の数字のぬいしろを含む
●単位＝cm

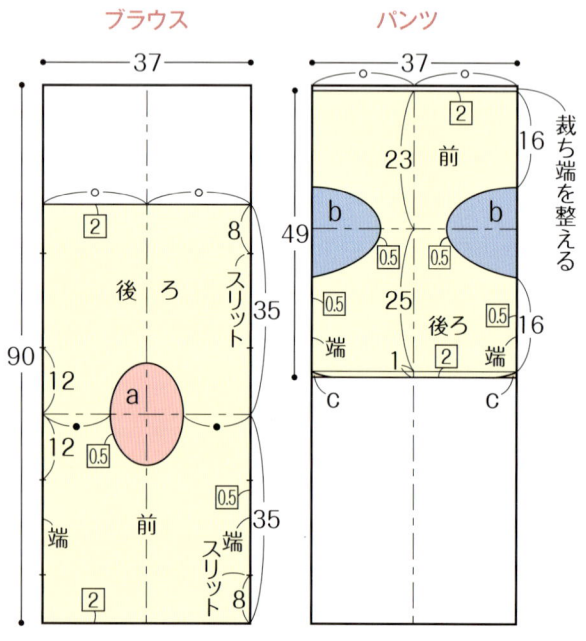

●ブラウス

1 てぬぐい1枚をカットする

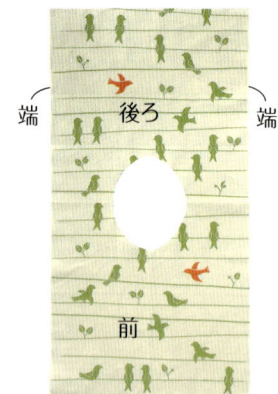

2 外表に合わせ、両脇を返しぐしぬいでぬう

3 裾を三つ折りにして並ぬいする

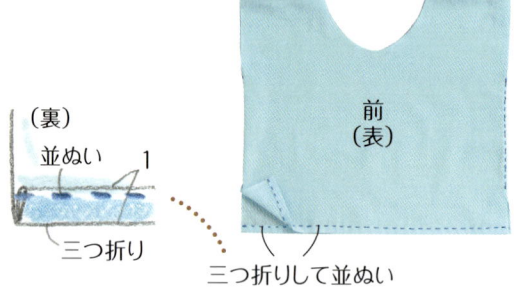

4 衿ぐりをバイアステープでぬい返し、ゴムテープを通す

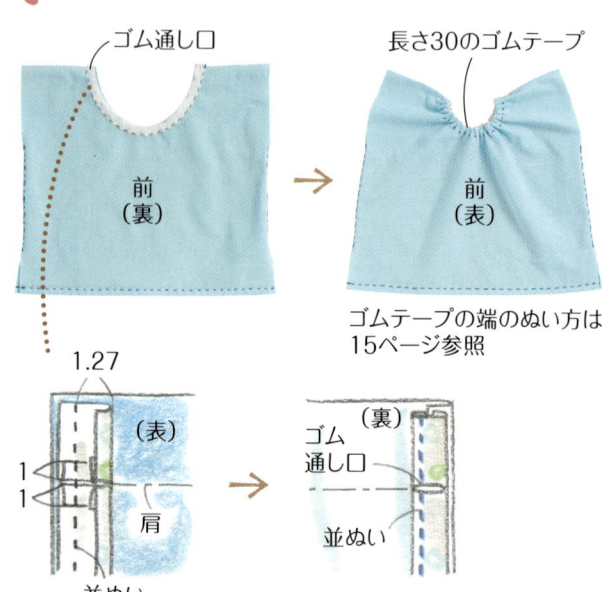

ゴムテープの端のぬい方は15ページ参照

● パンツ

1 てぬぐい1枚をカットする

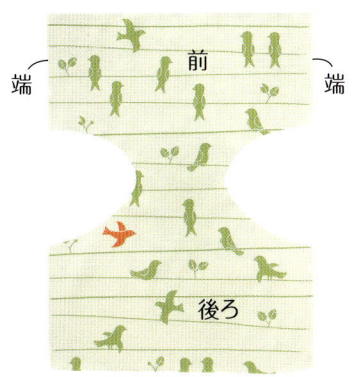

2 外表に合わせ、脇を返しぐしぬいでぬう

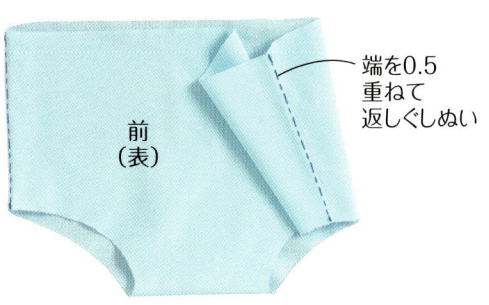

3 足口をバイアステープでぬい返す
（14ページ参照）

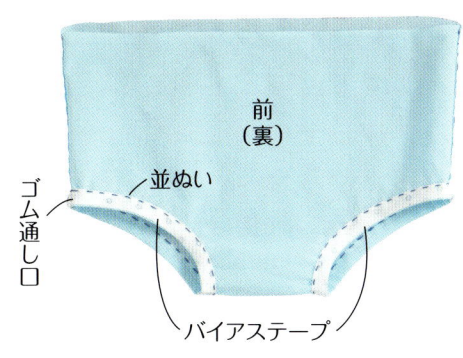

4 ウエストを三つ折りして並ぬいする

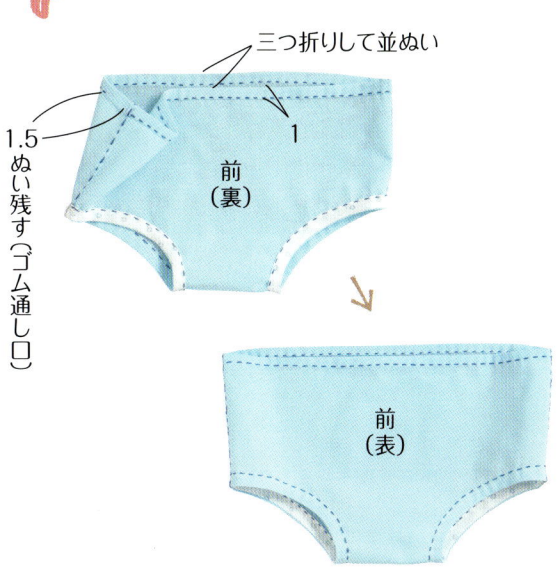

5 足口とウエストにゴムテープを通す

[ゴムテープの端のぬい方]

両端を重ねて本返しぬい

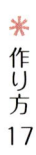

タオルチーフ2枚でベビーシューズ

作り方17

タオルチーフ2枚で ベビーシューズ

[新生児〜6ヵ月くらい]

ふわふわのかわいいくつは、記念のファーストシューズにぴったり。
裁ち端をバイアステープでくるんで、底をフェルトで補強するだけ。
手軽にお洗濯して、いつまでも真っ白のままで残しておけるのもうれしいもの。
プレゼントにしてもよろこばれます。

ベビーシューズ

RECIPE

●用意するもの
タオルチーフ
[マイクロファイバーハンカチ]
　…23×23cmを2枚
フェルト薄手(白)…18×18cmを1枚
サテンバイアステープ(両折)
　…1.27cm幅65cm
サテンリボン…0.5cm幅100cm
手ぬい糸[シャッペスパン]
　…白(#401)

[裁ち方]
➡型紙は50ページ
○の数字のぬいしろをつけて裁つ
●単位=cm

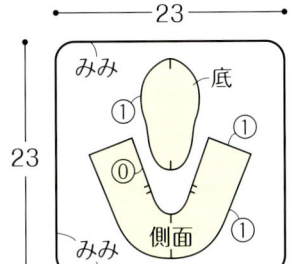
（タオルチーフ2枚）

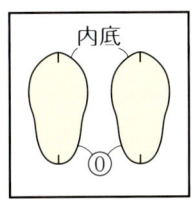
（フェルト1枚）

1 タオルチーフとフェルトを裁つ

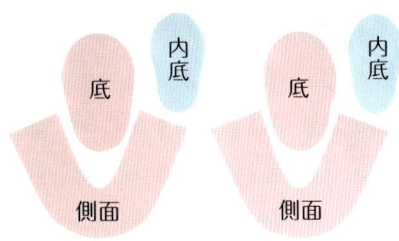

2 側面の後ろ中央をぬう

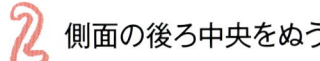
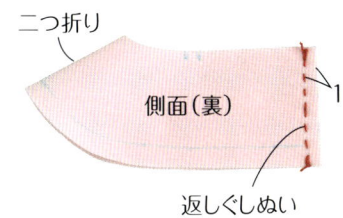

3 後ろのぬいしろをサテンバイアステープでくるむ

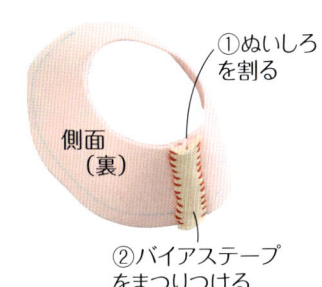

4 足入れ口にリボンをはさみ、バイアステープでくるむ

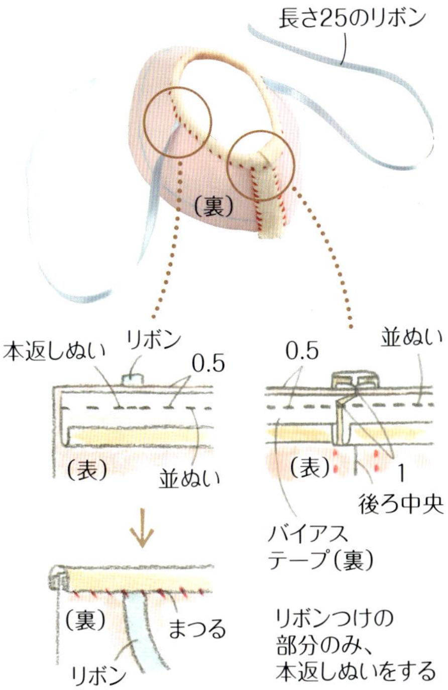

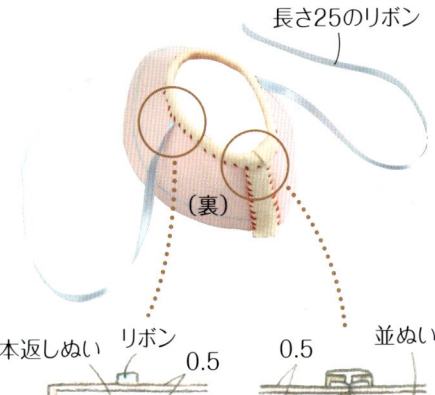

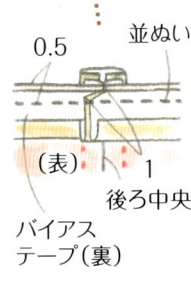

5 側面と底を中表にぬい合わせる

6 底にフェルトの内底をつける

表に返してでき上がり

手ぬいの基本

作ってみましょう

この本ではタオルやてぬぐいのサイズ、端やみみを上手に使った赤ちゃん服作りをご紹介しています。
ゲストタオルで帽子を作りながら、基本的な手順とよく使われるテクニックやポイントをマスターしましょう。

ゲストタオル1枚で 帽子

[3ヵ月～24ヵ月くらい]

トップの飾りだけを変えた3種類の帽子は、
リバーシブルタオルの配色を生かしたデザイン。
3重ガーゼのやさしい感触が、どんな季節でも赤ちゃんの頭をそっと守ってくれます。
折り返し部分にステッチを効かせて。

RECIPE

●用意するもの
ゲストタオル3色 [中空糸3重ガーゼ]
　…34×40cmを1枚
ボタン（Cのみ）
　…直径1.5cmを1個
ガーゼバイアステープ（縁どり）
　…1.1cm幅各70cm
手ぬいステッチ糸 [MOCO]
　…Aえんじ(#249)、
　Bグリーン(#50)、C青(#218)
手ぬい糸 [シャッペスパン]
　…Aベージュ(#276)、
　Bクリーム色(#30)、C水色(#88)

[C（ブルー）の裁ち方]
➡型紙は50ページ
□の数字のぬいしろを含む
●単位＝cm

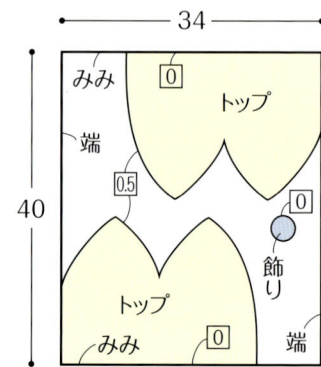

1 型紙を作る

①巻末の型紙を実物大または指定どおりに拡大コピーする。拡大するものは型紙の⬈印をコピー機の端に合わせてください。用紙の中に型紙が収まるようにコピーすることができます。拡大率が大きなものは、数枚を貼り合わせて使います。
②紙切りばさみでりんかく線を切る。「わ」になっている型紙は、わを中心に左右対称になるように形を補足しましょう。また、合印や中央線など、型紙の中の印はすべて描き写してください。

2 印をつける

タオルの上に、〔裁ち方〕の図のとおりに型紙を置き、型紙のりんかく線をチャコペンで写します。

● 合印
布と布を合わせてぬうときに、布がずれないようにあらかじめつけておく印。

3 タオルを裁つ

〔裁ち方〕の図の□部分はぬいしろが含まれているのでりんかく線どおり、○部分は数字のぬいしろをつけて裁ちます。

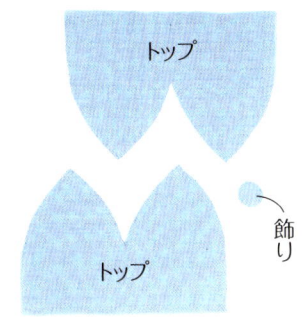

裁ち落とす部分が型紙になっている場合（部分型紙）

巻末の型紙には、裁ち落とす部分が型紙になっている作品があります。39ページのお食事エプロンで、この部分型紙の使い方と印のつけ方を見てみましょう。

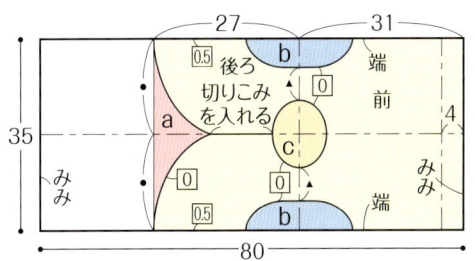

1 タオルを準備する。

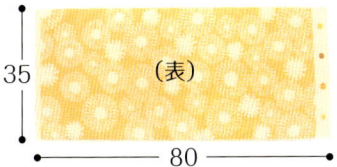

2 [裁ち方]の図のとおりに、エプロン部分と使わない部分に切り分ける。

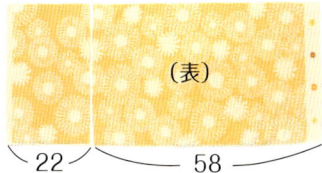

3 上下、左右の中央線を引く。

4 a、b、cの部分型紙を必要枚数作り、型紙の中央とタオルの中央線を合わせて指定の位置に置く。

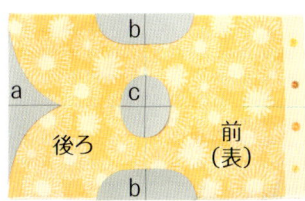

5 型紙のりんかく線をなぞって、印をつける。

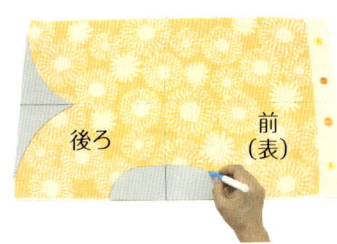

6 型紙をはずしてa、b、c部分をカットし、後ろの中央に切りこみを入れる。

手ぬいの基本

4 トップをぬう

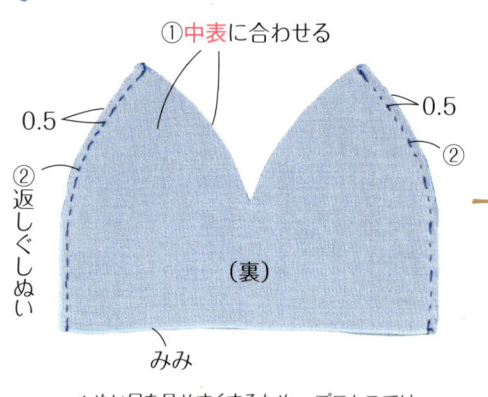

＊ぬい目を見やすくするため、プロセスではタオルの表裏を逆にしています。

➡ 型紙は50ページ
☐の数字のぬいしろを含む
● 単位＝cm

[A（ピンク）の裁ち方]

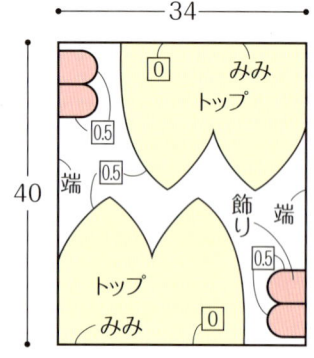

[B（イエロー）の裁ち方]

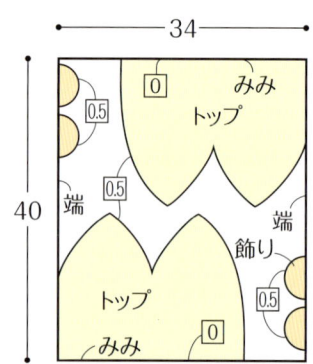

🍀 中表と外表

[中表]

[外表]

布地の表と表を内側に重ねることを「中表」、裏と裏のときを「外表」といいます。

🍀 糸の通し方

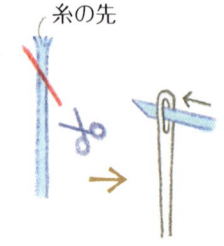

手ぬい糸の端をはさみで斜めにカットすると通しやすくなります。糸を針に通したら、抜けないようにすぐに玉結びを作っておきます。

🍀 糸の長さ

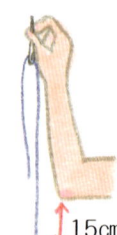

糸は長すぎてもぬいにくいので、曲げたひじから15cmくらいがぬいやすいでしょう。糸は1本どりで使います。

🍀 スレダー（糸通し）の使い方

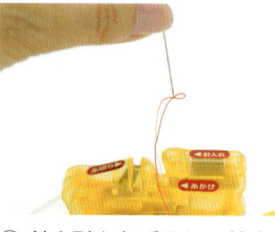

① 糸を溝にかけ、針穴を下にして針を入れ、レバーを押す。

② 針を引き上げると、針穴に糸が通って出てくる。針穴から糸を引き出し、糸を必要な長さにカットする。

🌱 ぬい始め
ふた針返しぬいをして丈夫にします。

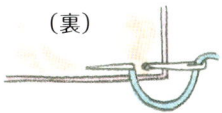
① ひと針ぬい、針を最初の玉結びのところに戻してひと針返しぬいする。

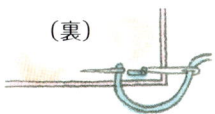
② もうひと針返しぬいする。

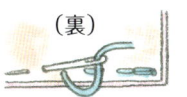
③ ぬい進める。

🌱 ぬい終わり（玉どめ）
返しぬいしてから玉どめし、もうひと針返しぬいをして糸を切ります。

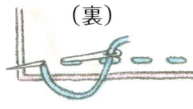
① ぬい終わりの糸をふた針返す。

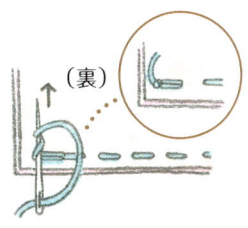
② ぬい終わりの糸を針先に2～3回巻きつけ、巻いた部分を押さえて針を抜き、玉どめをする。

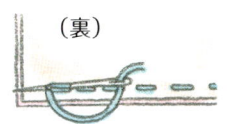
③ ひと針返しぬいして糸を切る。

🌱 玉結び
糸の先に結び目を作ってからぬい始めます。

① 人さし指に糸を1回巻きつける。

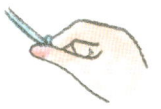
② 親指で糸を押さえ、糸を数回より合わせる。

③ より合わせたところを中指と親指で押さえて引き、糸の玉を作る。

🌱 わ

布地を二つに折ってできる部分を「わ」といいます。

🌱 二つ折り

布を二つに折ること。作り方解説に「折る」とあるときは、二つ折りのことです。

🌱 三つ折り

布端を内側に入れて布を三つに折り重ねること。裾や袖口などをぬうときに。

🌱 玉結び、玉どめのしまい方
ぬう場所によって、玉どめが見えないようにすると仕上がりがきれいです。

[ぬい始め]

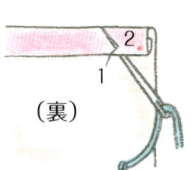
① ひと針分先にぬいしろの内側から針を出す。

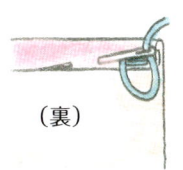
② ふた針返しぬいしてぬい進める。

[ぬい終わり]

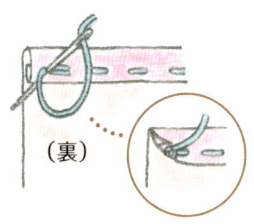
① ふた針返しぬいしたら、針をぬいしろの内側に出して玉どめする。

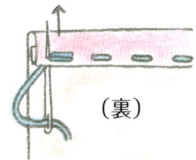
② 表に針を出して糸を切る。

手ぬいの基本

5 ぬいしろをバイアステープでくるむ

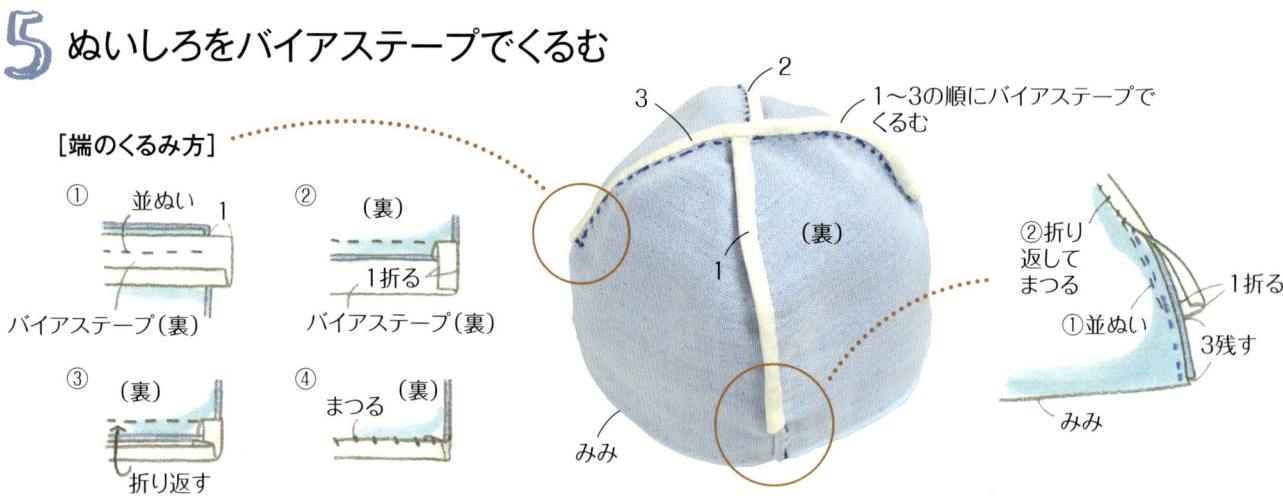

[端のくるみ方]

① 並ぬい　バイアステープ（裏）
② 1折る　バイアステープ（裏）（裏）
③ 折り返す（裏）
④ まつる（裏）

1〜3の順にバイアステープでくるむ

②折り返してまつる　1折る
①並ぬい　3残す
みみ

🍀 バイアステープのつけ方

布地の目に対して45度の角度に裁った布がバイアステープ。のびるのでカーブにもきれいにつけることができます。この本では、袖ぐり、衿ぐり、裁ち端を整えるときなどに、市販のバイアステープを活用しました。

バイアステープで縁をくるむ（縁どりぬい）

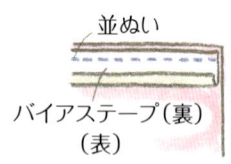

① 表側からバイアステープを**中表**に合わせて並ぬい。

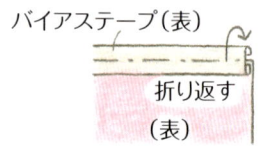

② バイアステープを折り返して布端をくるむ。

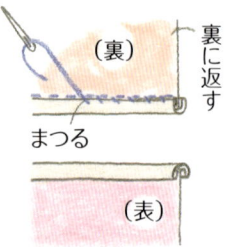

③ 表布に針目が出ないようにまつる。

バイアステープで縁をぬい返す（見返しぬい）

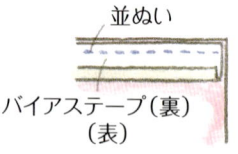

① 布とバイアステープを**中表**に合わせて並ぬい。

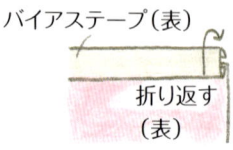

② ①のぬい線からバイアステープを折り返す。

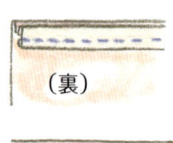
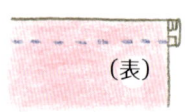

③ バイアステープの端を並ぬいする。

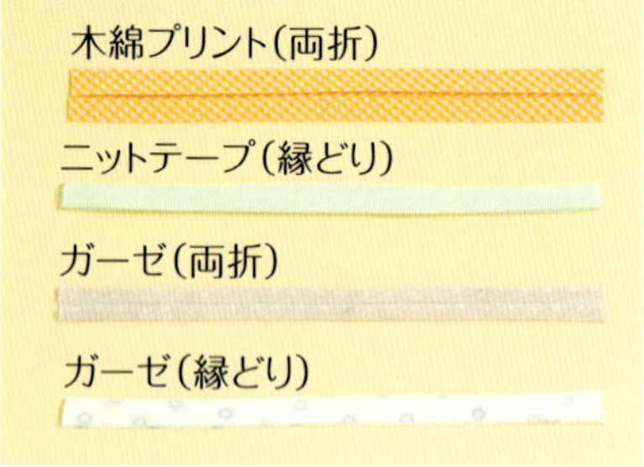

木綿プリント（両折）
ニットテープ（縁どり）
ガーゼ（両折）
ガーゼ（縁どり）

バイアステープの種類と使い方

この本では、両折タイプと縁どりタイプの2種類を使っています。ガーゼ、ニット、プリント柄など、多種多様なものが出そろっているので、材料に合ったものを選びます。購入するときには、種類と幅を間違えないようにしましょう。

[両折タイプ]　[縁どりタイプ]

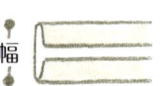 

衿ぐりや袖ぐりをくるんだり、ぬい返して見返しに使います。

両折タイプを内側に二つ折りしたもの。縁をくるむときに使います。

仕上げをする　＊帽子の飾りはトップと逆側を使っています。

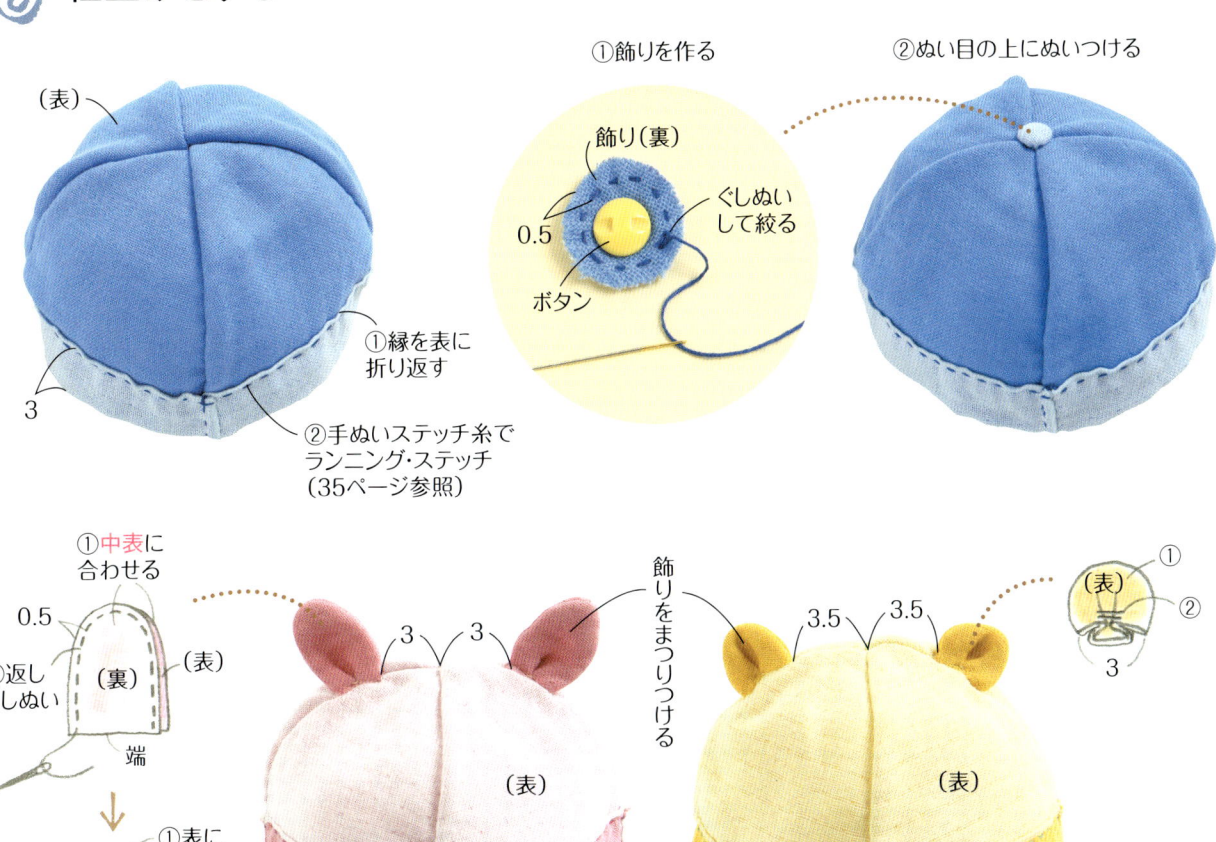

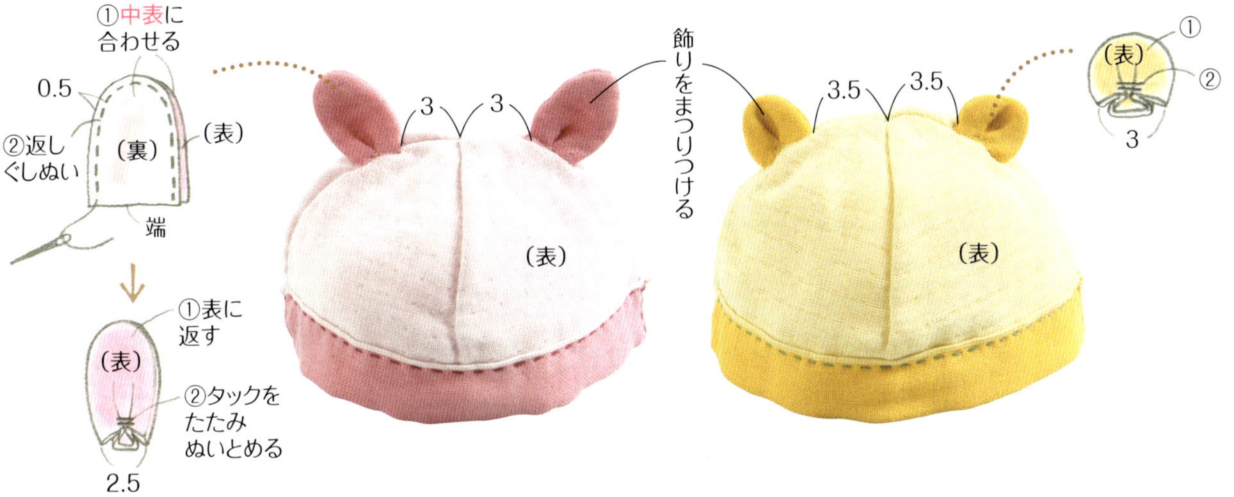

エンブロイダリースレダー（刺しゅう糸用糸通し）の使い方

太さのあるステッチ糸は、専用のスレダーを使うと糸通しがスムーズです。

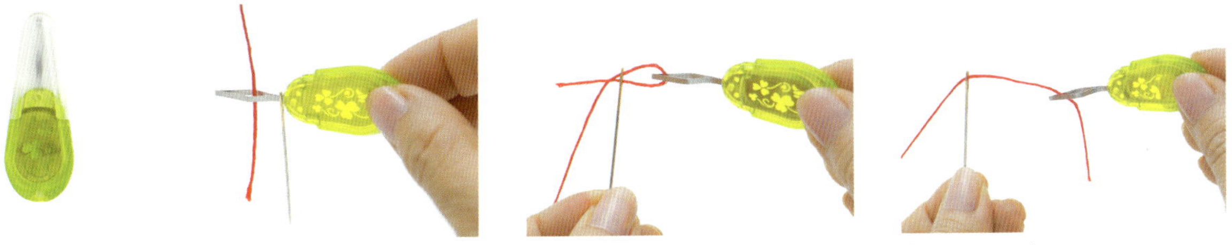

① リングを刺しゅう針の穴に差しこみ、リングにステッチ糸を通す。

② 針穴からリングを引き出す。

③ 糸通しの完了。

てぬぐい2枚で コンビロンパース

[3ヵ月〜12ヵ月くらい]

元気いっぱいに動く赤ちゃんには、スピーディに着替えのできるコンビタイプのロンパースがおすすめ。
かたつむり柄のてぬぐいにギンガムチェックのバイアステープ。
汚れたら、さっと洗ってすぐに乾くのもてぬぐいならではです。

てぬぐい2枚でコンビロンパース

* 作り方 25—27

てぬぐい2枚で コンビロンパース

＊ 作り方 25〜27

RECIPE

🌸 用意するもの

てぬぐい……37×98cmを2枚
ファスナップ…16cm
木綿プリントバイアステープ[両折]
　…2cm幅300cm
ゴムテープ…0.5cm幅20cm
手ぬい糸[シャッペスパン]
　…赤(#12)

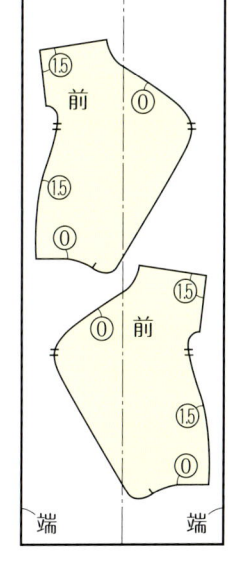

[裁ち方]
➡ 型紙は51ページ
○ の数字のぬいしろをつけて裁つ
● 単位＝cm

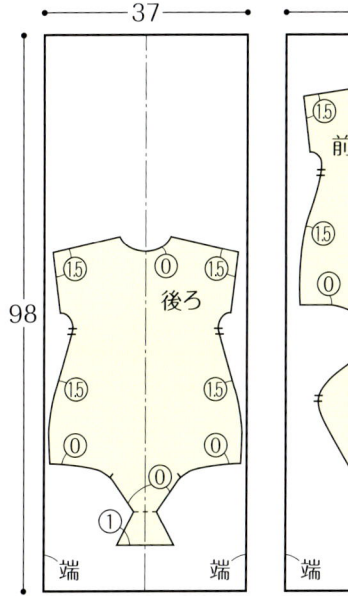

コンビロンパース

1 てぬぐい2枚をカットする

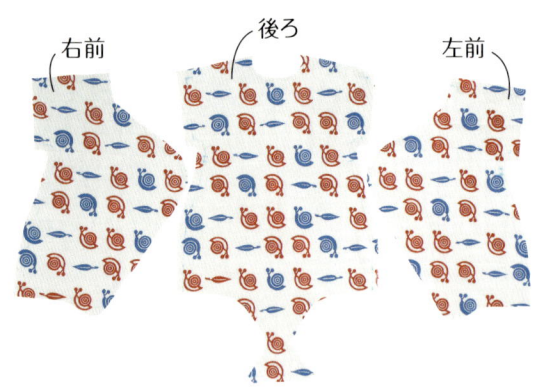

2 肩と脇を袋ぬいする

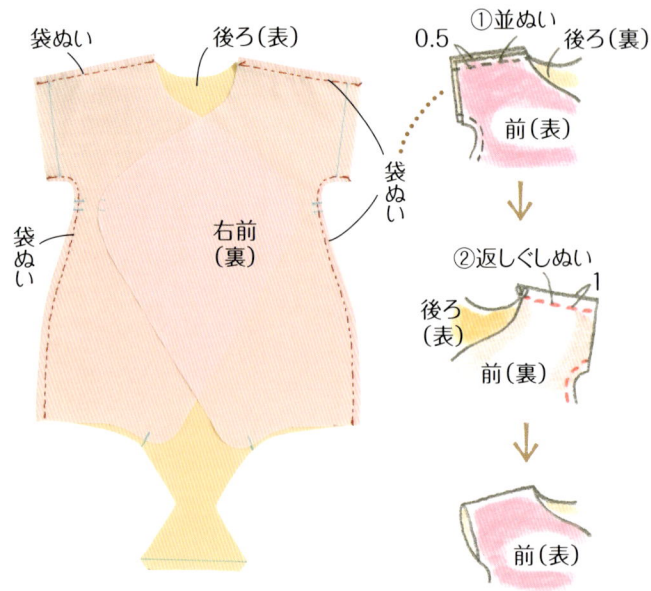

3 袖口と股下のあきをぬう

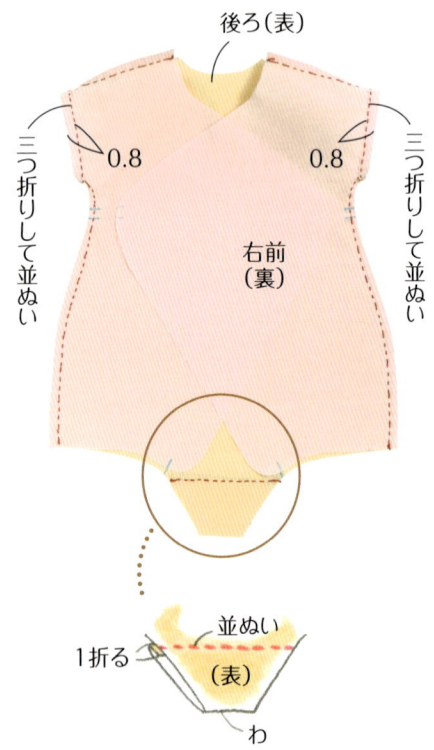

4 衿ぐりから裾をバイアステープでくるむ

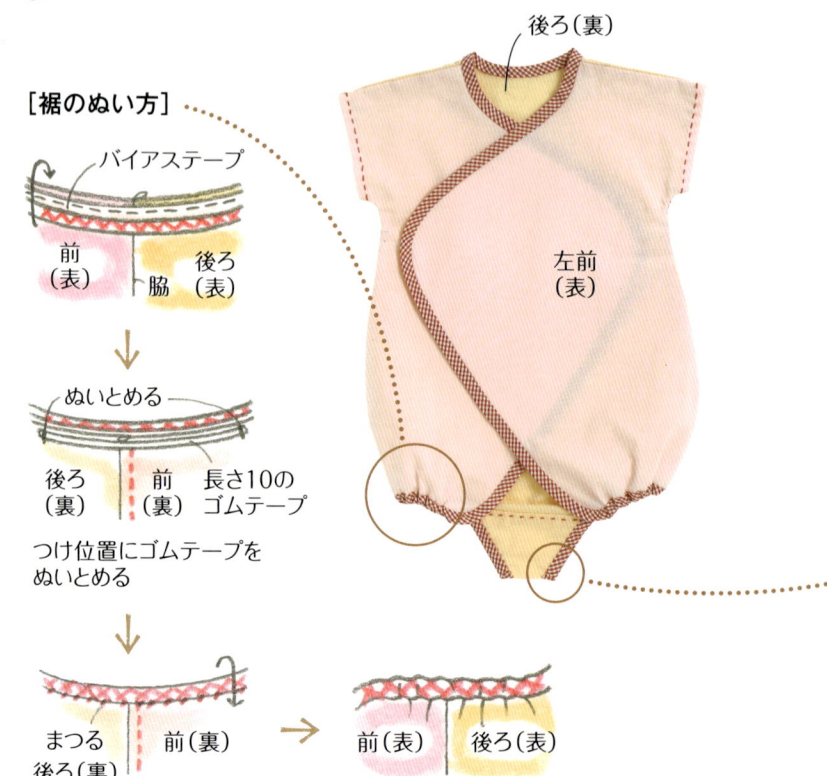

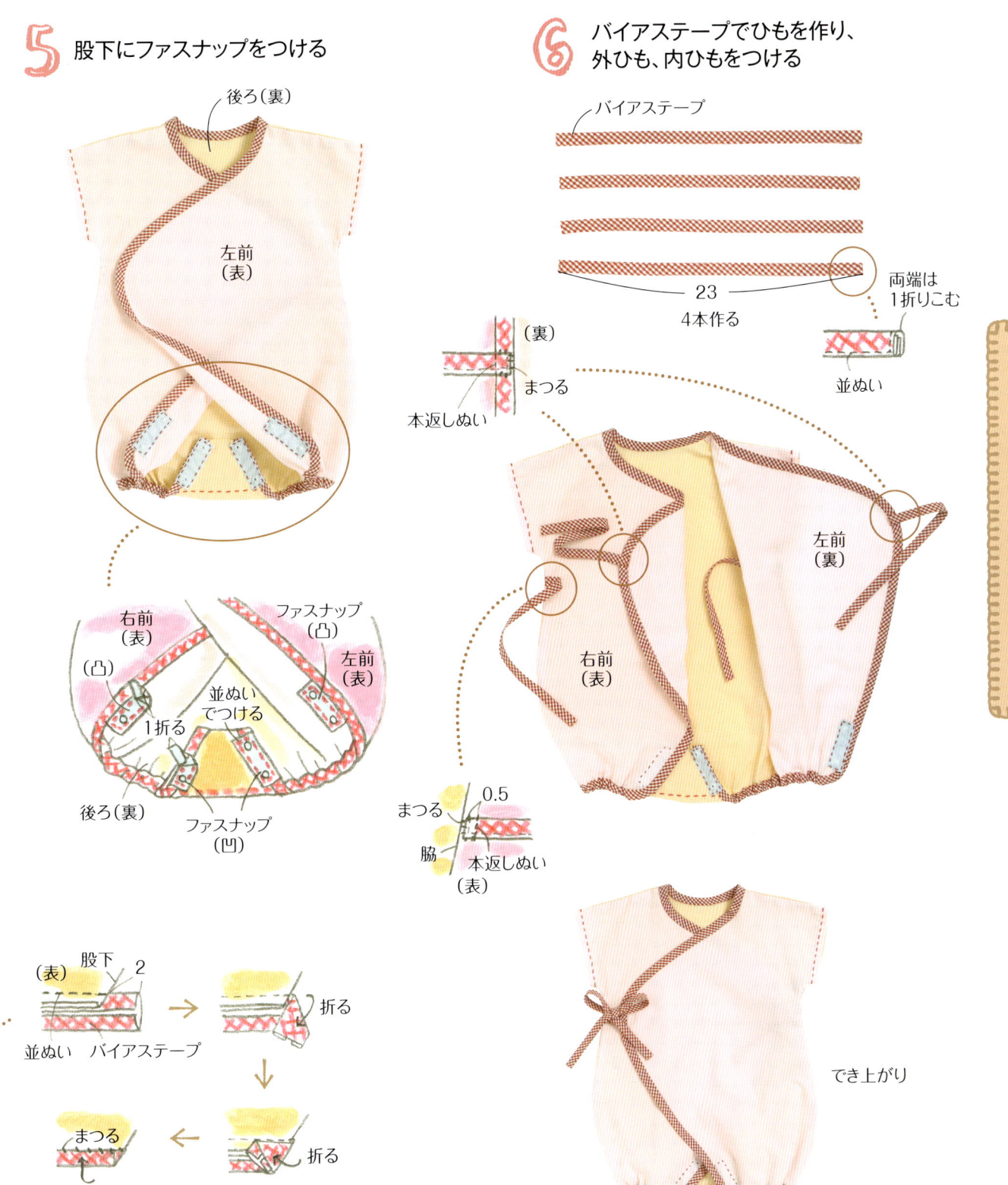

バニーぬいぐるみ／内野

フェイスタオルとゲストタオルで スタイと帽子セット

[3ヵ月〜12ヵ月くらい]

スタイは何枚あってもうれしい、赤ちゃんの必需品。こんな帽子とスタイのセットがあれば、おでかけのときもかわいさがアップしそう。刺しゅうやピコットつきのタオルを選んで裁ち端をバイアステープでくるむだけ。驚くほどカンタンにでき上がります。

RECIPE

フェイスタオルとゲストタオルで スタイと帽子セット

作り方 29—31

◆用意するもの
● ブルー
ゲストタオル［CDリエータ］
　…35×36cmを1枚
タオルチーフ［CDリエータ］
　…25×25cmを1枚
ガーゼバイアステープ（縁どり）
　…1.27cm幅を75cm
ファスナップ…4cm（スナップ1個分）
手ぬい糸［シャッペスパン］
　…水色（#88）

● ピンク
ゲストタオル［CDドルチェ］
　…35×36cmを1枚
タオルチーフ［CDドルチェ］
　…25×25cmを2枚
ガーゼバイアステープ（縁どり）
　…1.27cm幅を40cm
ニットテープ（縁どり）
　…1.1cm幅を60cm
ゴムテープ…0.5cm幅32cm
手ぬいステッチ糸［MOCO］
　…濃ピンク（#247）
手ぬい糸［シャッペスパン］
　…ベージュ（#276）

[裁ち方]
➡ 部分型紙a、b、cは53ページ
➡ 型紙の使い方は19ページ
□の数字のぬいしろを含む
● 単位＝cm

ピンクのスタイ（ゲストタオル）

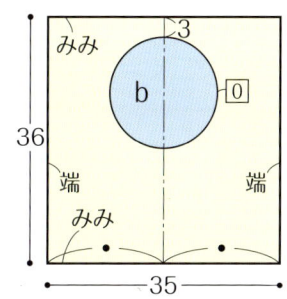

ピンクの帽子（タオルチーフ2枚）

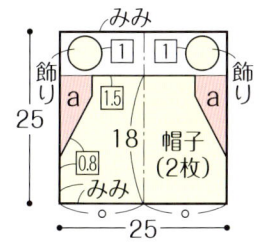

ブルーのスタイ（タオルチーフ）

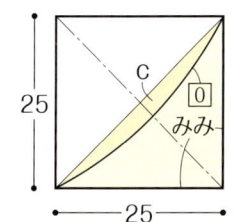

29

LESSON

ピンクの帽子

1 タオルチーフ2枚をカットする

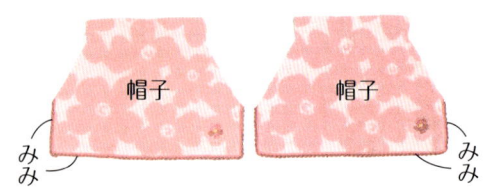

2 中表に合わせ、両脇を返しぐしぬいでぬう

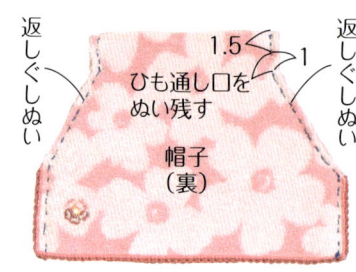

3 ぬいしろをバイアステープでくるむ

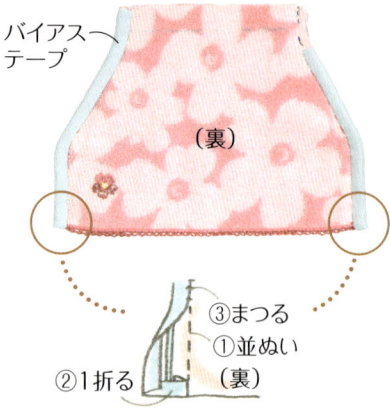

4 トップをぬい、ひもを通す

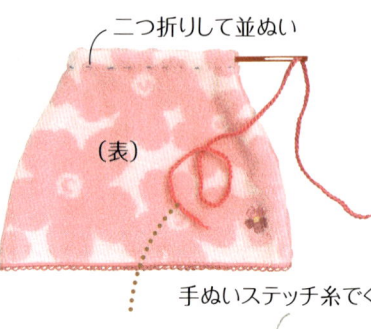

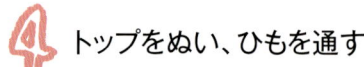

手ぬいステッチ糸でくさり編み
結ぶ　約52　結ぶ

帽子に通しているひもは、3本どりの手ぬいステッチ糸をくさり編みにしたもの。5/0号のかぎ針を使います。（クロバー）

5 ひもの先に飾りをつける

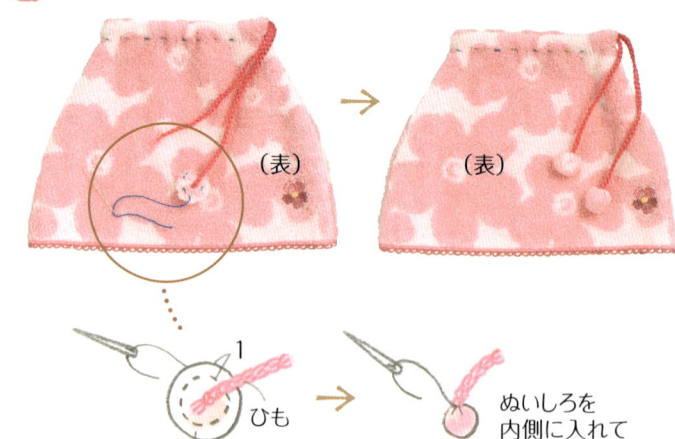

ピンクのスタイ

1 ゲストタオルをカットする

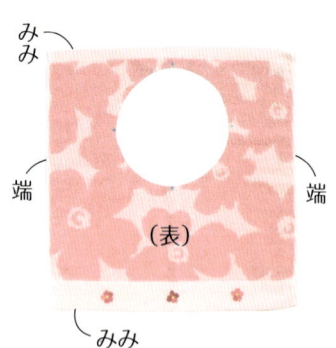

2 首まわりをニットテープでくるむ

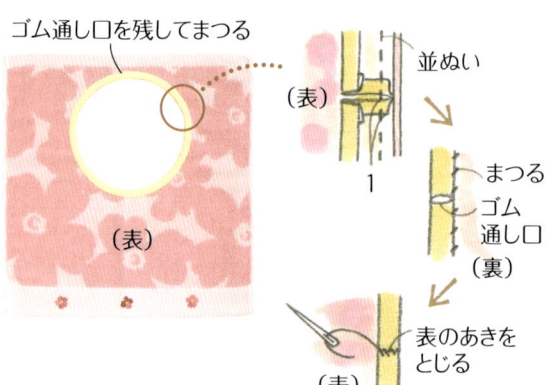

3 バイアステープにゴムテープを通す

長さ32のゴムテープ

ブルーの帽子

1 ゲストタオルをカットする

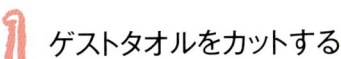

2 ぬいしろを切りそろえ、バイアステープでくるむ

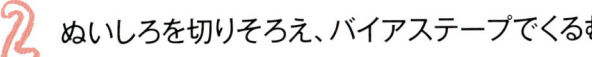

3 表に返して、形よく耳をつまんでぬい絞る

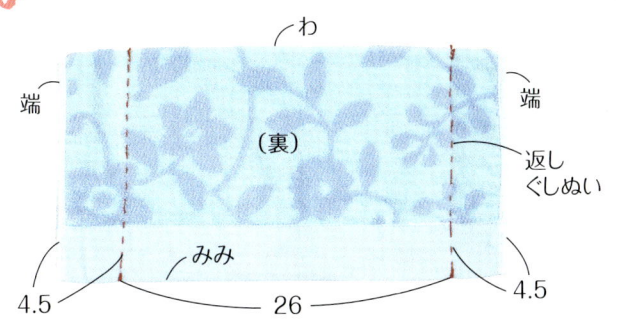

（30ページ・ピンクの帽子 **3** を参照）

ブルーのスタイ

1 タオルチーフをカットする

2 裁ち端をバイアステープでくるむ

3 ファスナップを並ぬいでつける

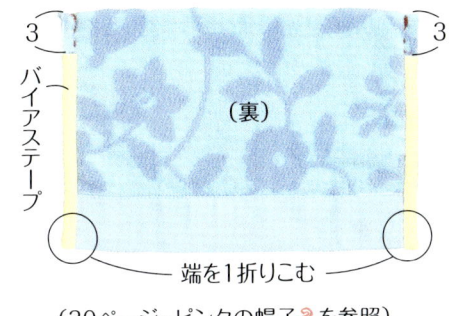

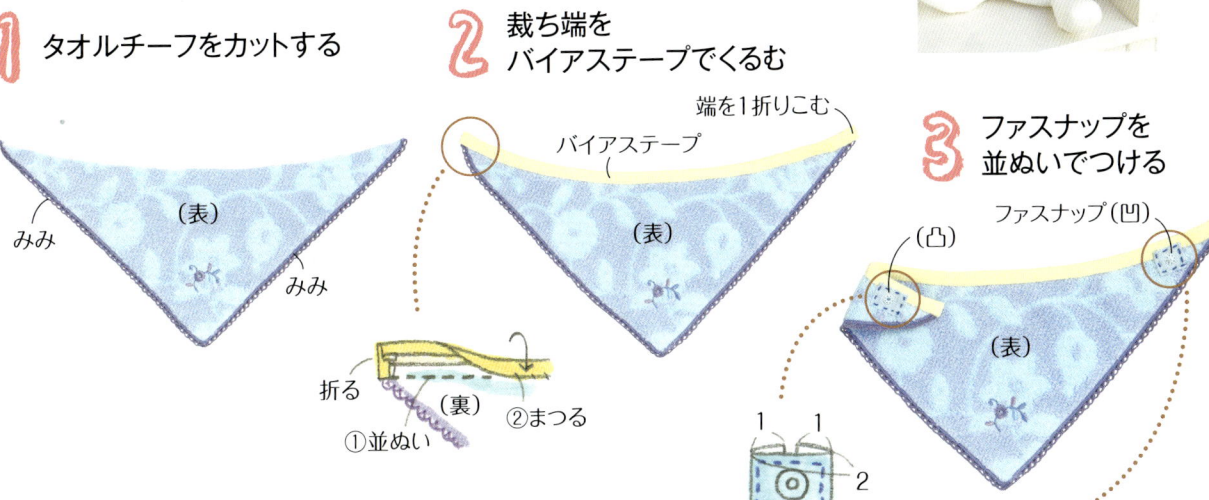

浴用タオル1枚で
ボレロ

[6ヵ月～24ヵ月くらい]

かわいいプリント入りの
ガーゼタオルで作る軽いボレロです。
かさばらないので、
おでかけ用のサブウエアとして、
ママバッグに入れておいても。
赤ちゃんの体調や
気温の変化に活躍します。

RECIPE

用意するもの

浴用タオル [キディベアガーゼ]
　…34×90cmを1枚
ガーゼバイアステープ [両折]
　…1.27cm幅170cm
ボタン…直径1.6cmを2個
手ぬいステッチ糸 [MOCO]
　…淡グリーン (#167)
手ぬい糸 [シャッペスパン]
　…淡グリーン (#50)

浴用タオル1枚でボレロ　＊作り方36

[裁ち方]
➡ 部分型紙a、b、cは53ページ
➡ 型紙の使い方は19ページ
　□の数字のぬいしろを含む
　● 単位＝cm

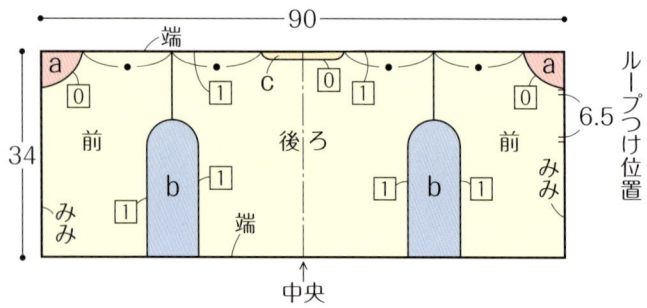

フェイスタオル1枚で ロンパース

[6ヵ月～24ヵ月くらい]

オーガニックコットンのタオルは、ガーゼとパイルの両面織り。ハイハイからあんよへと動きが活発になった赤ちゃんには、ロンパースが大活躍。素肌に着ても、Tシャツの上からでも着せられます。股下はファスナップどめでおむつ替えも簡単です。

フェイスタオル1枚でロンパース

＊ 作り方 34―35

LESSON

ロンパース

RECIPE

用意するもの
- フェイスタオル[OGドット]
  …34×80cmを1枚
- ガーゼバイアステープ[両折]
  …1.27cm幅80cm
- ファスナップ…15cm
- ゴムテープ…0.5cm幅90cm
- ワッペン…2.5cm×2cmを2枚
- 手ぬいステッチ糸[MOCO]
  …ローズピンク(#156)
- 手ぬい糸[シャッペスパン]
  …ピンク(#211)

[裁ち方]
- 部分型紙a、bは53ページ
- 型紙の使い方は19ページ
- □の数字のぬいしろを含む
- 単位=cm

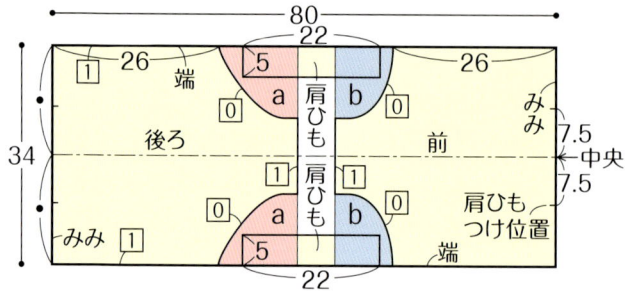

1 フェイスタオル1枚をカットする

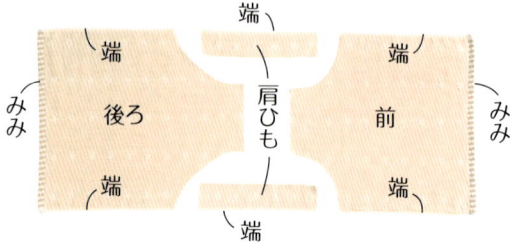

2 両脇をぬう

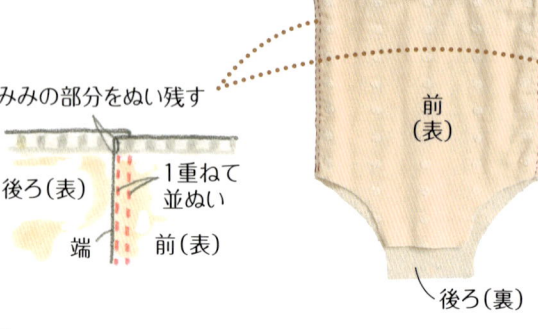

3 足口をバイアステープでくるむ

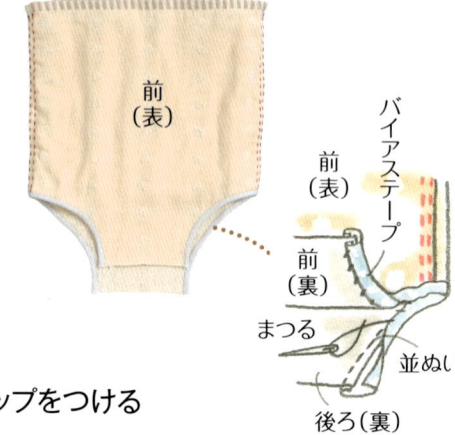

4 足口にゴムテープを通す

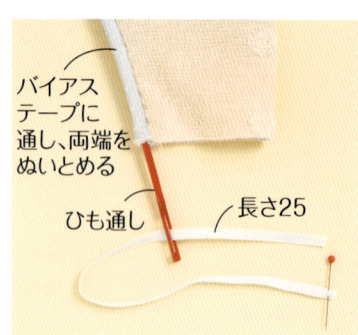

5 股下のあきにファスナップをつける

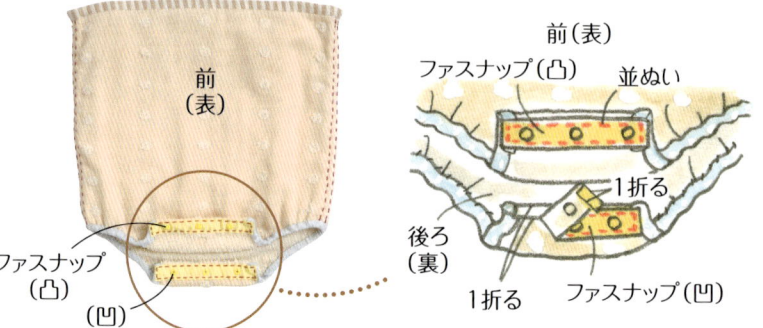

6 肩ひもを作って、ぬいつける

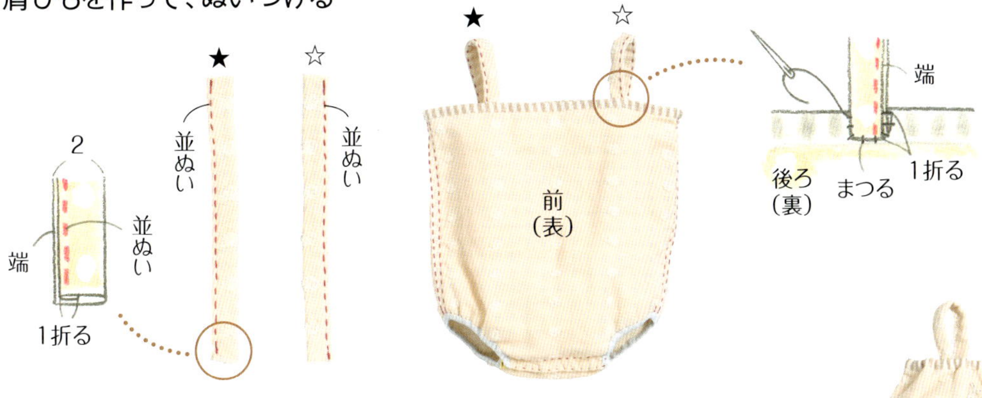

並ぬい　端　2　1折る　並ぬい　並ぬい

★　☆

前（表）

後ろ（裏）　まつる　1折る

7 胸まわりにゴムテープを通す

みみの部分にゴムテープを通す

前（表）

前（表）　脇　長さ40

8 胸にワッペンをつけ、ステッチをする

アイロンで接着する

フレンチノット

手ぬいステッチ糸でランニング・ステッチ

LESSON　ロンパース

✳ ワッペンとアップリケ

ワンポイントのワッペンやアップリケは、市販のものを利用しました。かわいいモチーフの中からお気に入りを見つけて、赤ちゃんマークにしてもいいですね。

How to stitch

アウトライン・ステッチ　　フレンチノット

サテン・ステッチ　　ランニング・ステッチ

35

ボレロ

1 浴用タオル1枚をカットする

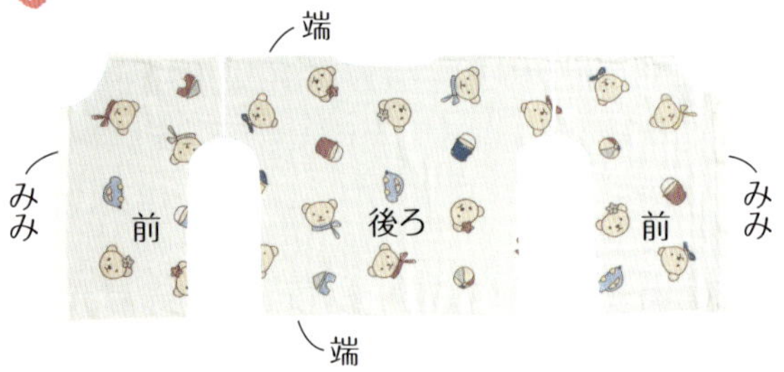

2 肩を表から重ねて並ぬいする

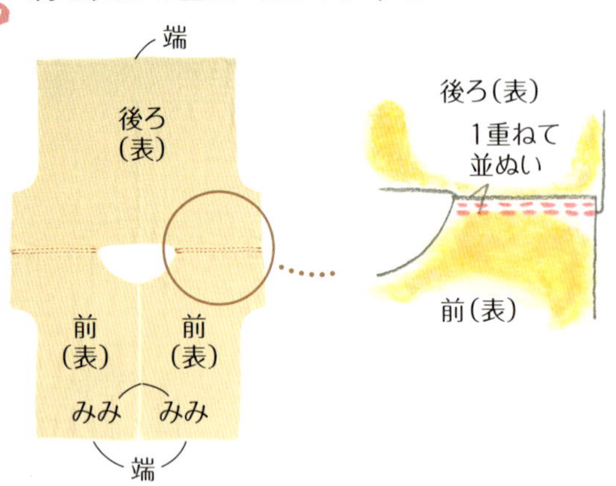

3 身頃を中表に合わせて脇をぬい、バイアステープでくるむ

4 衿ぐり、袖ぐりをバイアステープでくるむ

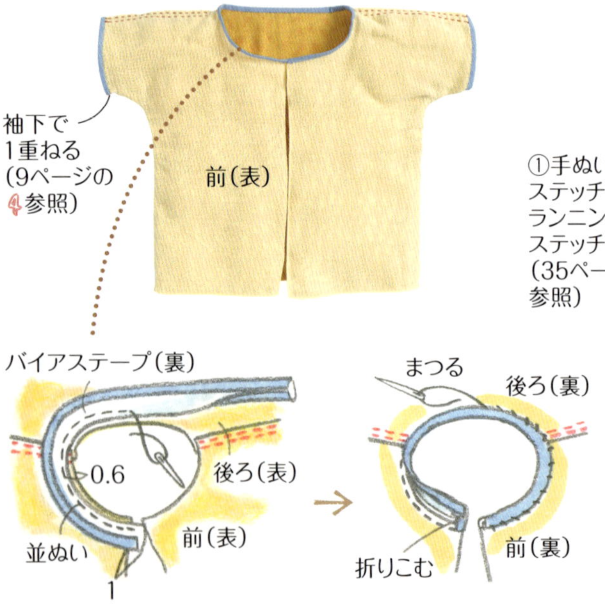

5 前端にステッチをして、ループとボタンをつける

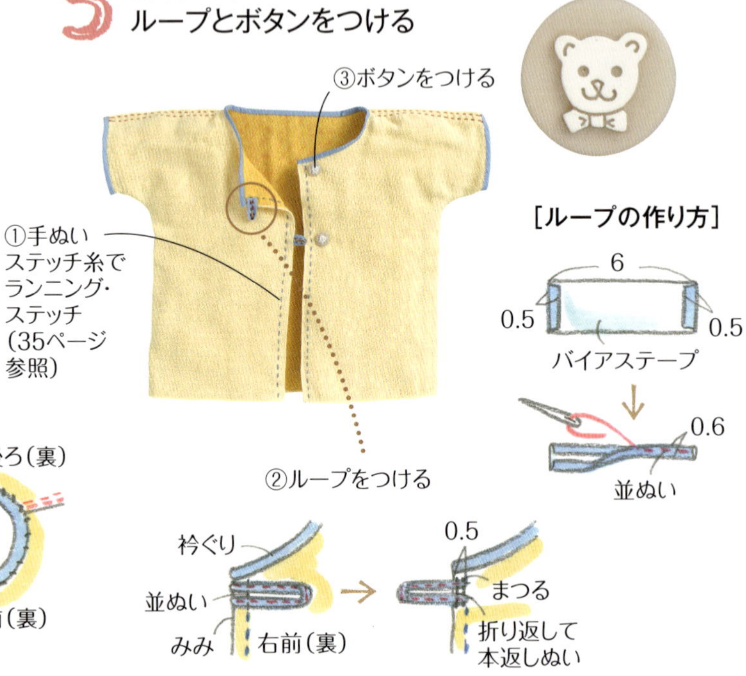

①手ぬいステッチ糸でランニング・ステッチ（35ページ参照）
②ループをつける
③ボタンをつける

[ループの作り方]

LESSON

アヒルのぬいぐるみ

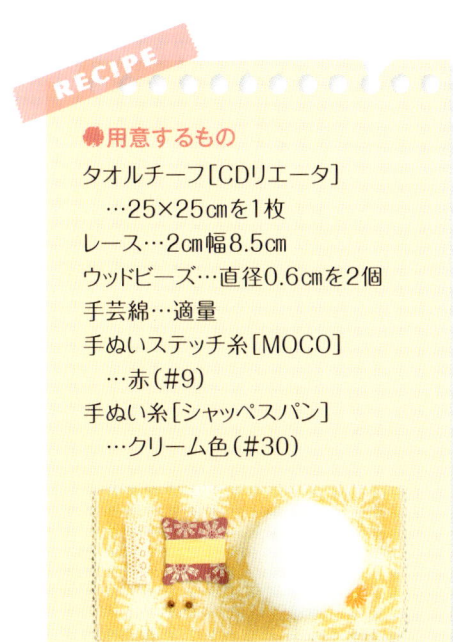

RECIPE

●用意するもの
- タオルチーフ[CDリエータ]
  …25×25cmを1枚
- レース…2cm幅8.5cm
- ウッドビーズ…直径0.6cmを2個
- 手芸綿…適量
- 手ぬいステッチ糸[MOCO]
  …赤(#9)
- 手ぬい糸[シャッペスパン]
  …クリーム色(#30)

[裁ち方]
- ○の数字のぬいしろをつけて裁つ
- ●単位=cm

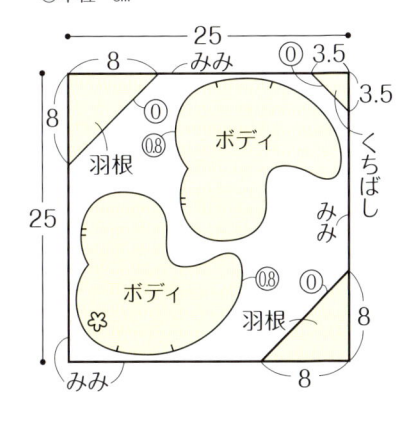

25×25cmの布から、ボディ2枚、羽根、みみ、くちばしを裁つ。ぬいしろ：ボディ0.8、その他0

1 タオルチーフをカットする

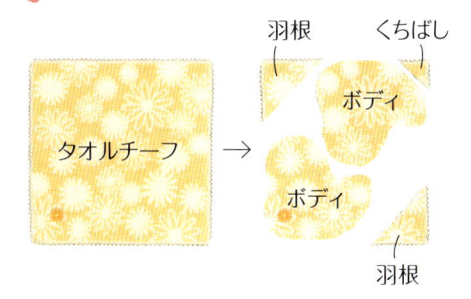

タオルチーフ → 羽根・くちばし・ボディ・みみに分ける

2 中表に合わせ、返し口を残してまわりをぬう

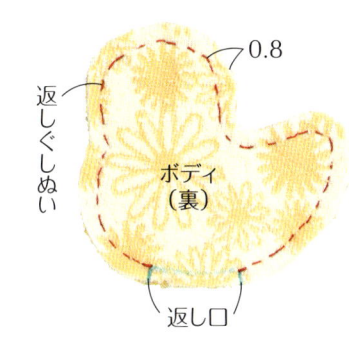

0.8のぬいしろで、返しぐしぬいでボディ（裏）をぬう。返し口を残す。

3 返し口から表に返し、綿をつめる

ボディ（表）

4 返し口をまつる

コの字まつりでまつる（表）

5 羽根とくちばし、リボンをつける

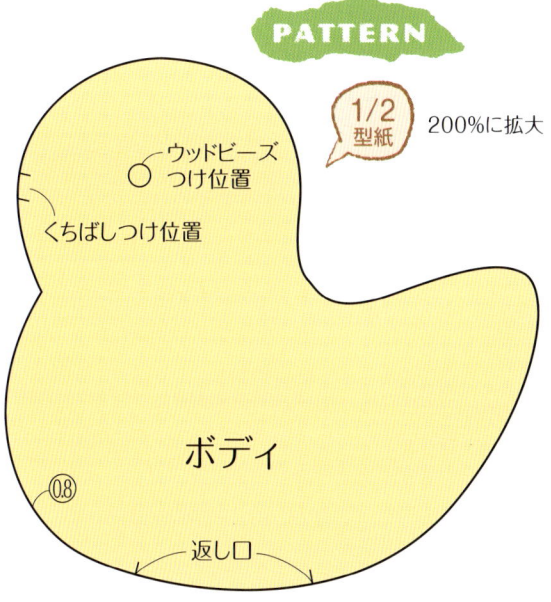

[レース]
幅2cm、長さ4cm（表）
中央にタックをたたむ

羽根：タックをたたみ、ぬいとめる
くちばし：6.5cm、手ぬいステッチ糸でぬいとめる、タックをたたみ、ぬいとめる

ウッドビーズをつける
裏面にも目と羽根をつける

PATTERN

1/2型紙　200%に拡大

ボディ
- ウッドビーズつけ位置
- くちばしつけ位置
- ⓪.8
- 返し口

ゲストタオル1枚で
お食事エプロン

[6ヵ月～24ヵ月くらい]

離乳食がはじまったら、こんな替え衿風の食事エプロンが重宝。
さっとかぶせてつけられるので、赤ちゃんがぐずっていても大丈夫。
ゲストタオルに穴をあけて、裁ち端をニットのバイアステープで
くるむだけででき上がります。

ゲストタオル1枚で お食事エプロン

作り方 40

フェイスタオルとタオルチーフで
お食事エプロンとアヒルのぬいぐるみ

[6ヵ月～24ヵ月くらい]

スプーンを握って自分で食事ができるようになったら、しっかりおなかまでカバーできるポケットつきの食事エプロンを作ってあげましょう。おそろいのタオルチーフのアヒルのぬいぐるみには、やわらかめに綿をつめて。

RECIPE

●用意するもの

●お食事エプロン（イエロー）
フェイスタオル［CDリエータ］
　…35×80cmを1枚
木綿プリントバイアステープ［両折］
　…1.27cm幅220cm
手ぬい糸［シャッペスパン］
　…オレンジ色（#37）

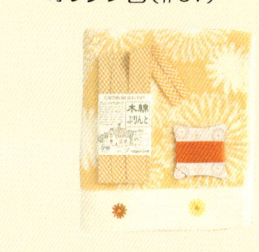

[裁ち方]
⇒部分型紙a、b、cは53ページ
⇒型紙の使い方は19ページ
□の数字のぬいしろを含む
●単位＝cm

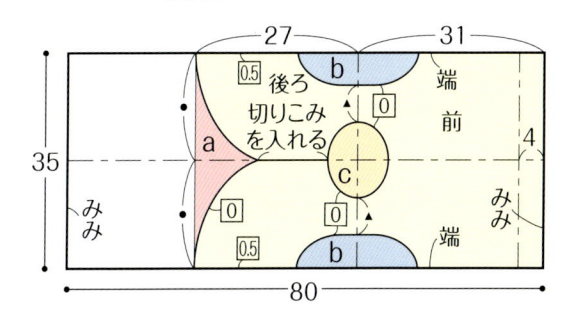

フェイスタオルとタオルチーフで
お食事エプロンとアヒルのぬいぐるみ

＊作り方 37、41

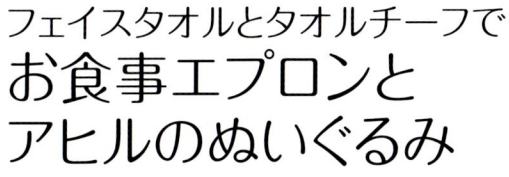

お食事エプロン（グリーン）

RECIPE

用意するもの
- お食事エプロン（グリーン）
  ゲストタオル［CDドルチェ］
  …35×36cmを1枚
  ニットテープ［縁どり］
  …1.1cm幅90cm
  ファスナップ
  …4cm（スナップ1個分）
  手ぬい糸［シャッペスパン］
  …淡グリーン（#50）

[裁ち方]
- 部分型紙aは52ページ
- 型紙の使い方は19ページ
- □の数字のぬいしろを含む
- 単位＝cm

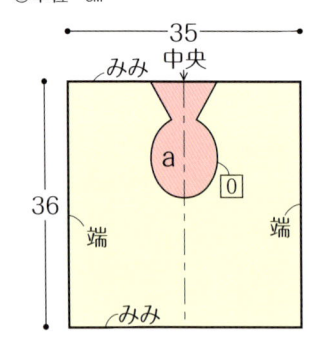

1 ゲストタオルをカットする

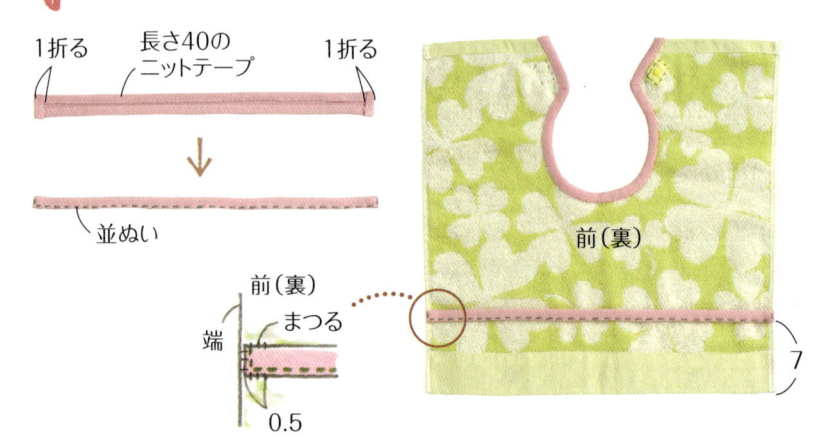

2 衿ぐりをニットテープでくるむ
角は1針返してぬう
並ぬい
角はたたんでぬいとめる
まつる

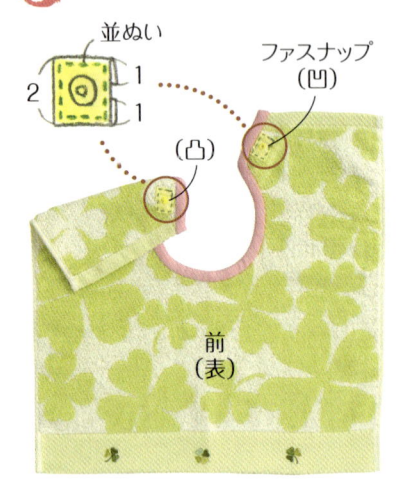

3 ファスナップをつける
並ぬい
ファスナップ（凹）
（凸）

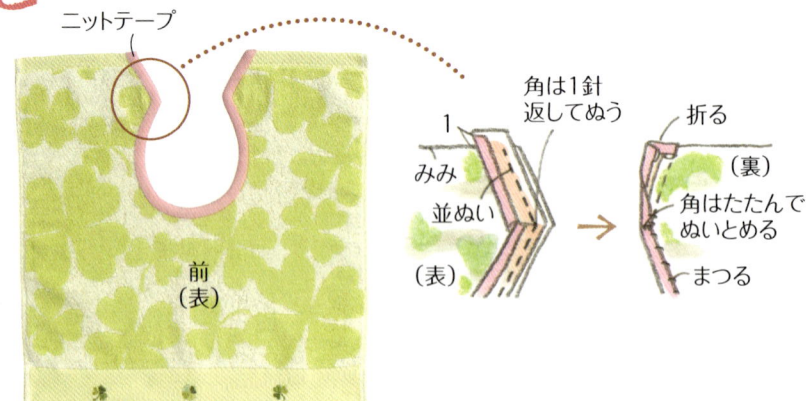

4 ニットテープで作ったひもをつける
長さ40のニットテープ
1折る
並ぬい
まつる
0.5
7

お食事エプロン（イエロー）

1 フェイスタオルをカットする

※みみの刺しゅう部分が折り返したとき表側に出るように、タオルの裏を表として使います。

前（裏）
端／端
みみ

2 後ろをバイアステープでくるむ

0.5　並ぬい
端　（表）　バイアステープ
↓
まつる　（裏）　端

バイアステープ
並ぬい　（表）
↓
まつる（裏）

前（裏）

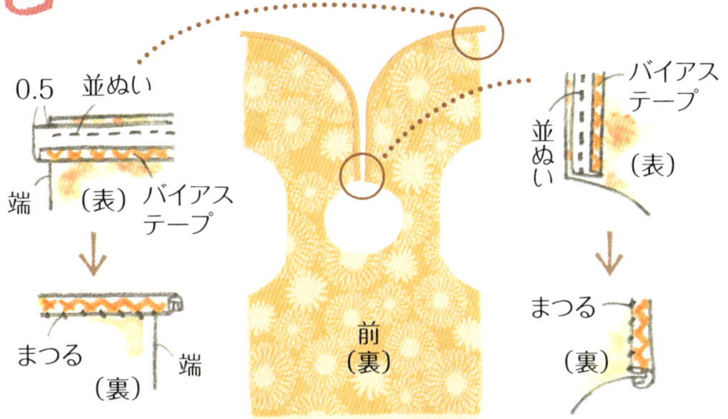

3 ポケットを折り、両脇をぬう

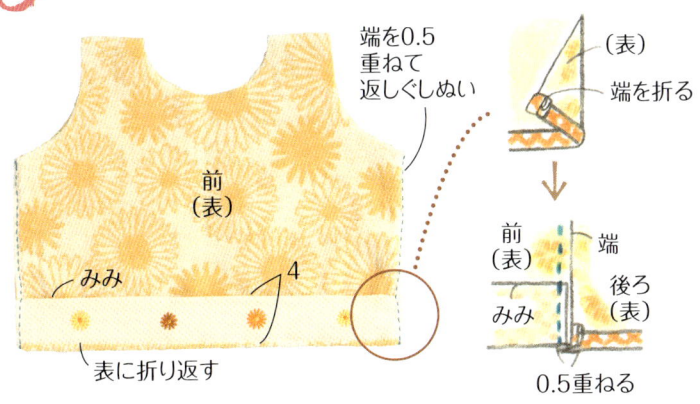

端を0.5重ねて返しぐしぬい

前（表）
みみ　4
表に折り返す

（表）
端を折る
↓
前（表）　端
みみ　後ろ（表）
0.5重ねる

4 袖ぐりをバイアステープでくるむ

バイアステープ
前（表）
脇で1重ねる（9ページの4参照）

5 衿ぐりをバイアステープでくるむ

バイアステープ
前（裏）　後ろ

並ぬい　1折りこむ
後ろ（表）　20
↓
まつる
後ろ（裏）　並ぬい

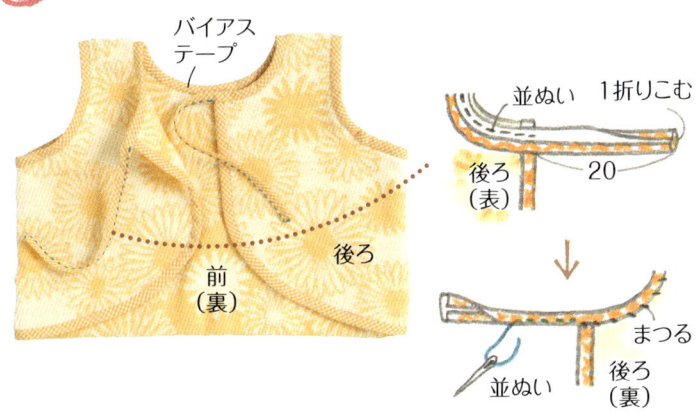

6 ひもを作り、つける

1折ってぬいつける
後ろ
前（裏）
7

長さ23のバイアステープ（表）
1折る（ひも先側）
→　→　二つ折り　並ぬい

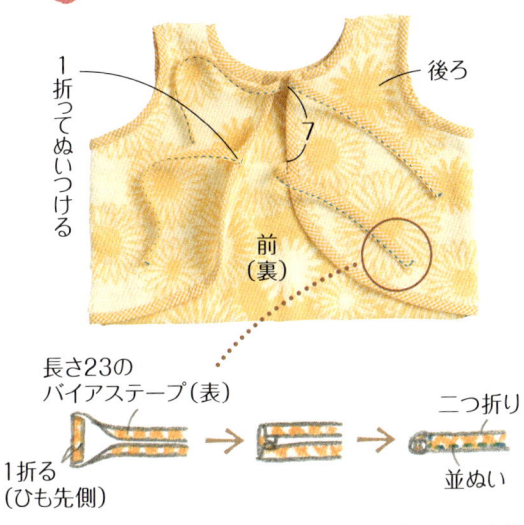

てぬぐい2枚で じんべい

てぬぐい2枚で **じんべい**

[12ヵ月～24ヵ月くらい]

涼しくて着心地のいいじんべいは、昔から夏の人気スタイル。
てぬぐいで作ったじんべいは、お風呂上がりやはじめてのお祭りなどにぴったりです。
短時間でぬい上がるので、お気に入りのてぬぐいを見つけて何枚も作ってあげましょう。

作り方 43—44

LESSON

パンツ

RECIPE

●用意するもの
- てぬぐい…37×92cmを2枚
- ガーゼバイアステープ[両折]
  …1.27cm幅55cm
- 綿テープ…1.6cm幅を100cm
- ゴムテープ…0.5cm幅40cm
- 手ぬい糸[シャッペスパン]
  …淡茶(#240)

[裁ち方]
- ➡ 部分型紙a、b、c、d、eは54ページ
- ➡ 型紙の使い方は19ページ
- □の数字のぬいしろを含む
- ●単位＝cm

じんべい（上着）
（型紙図：92×37cm、a、b、c の配置、前・後ろ、スリット13、6.5、寸法 12、19、14、0.5、1.5、2、1.5、0.5、0、2、20、19、4）

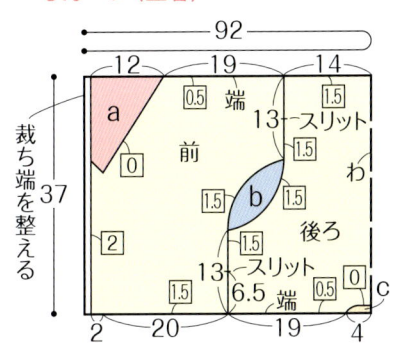

パンツ
（型紙図：92×37cm、d、e の配置、2、1.5、1.5、1.5、1.5、2、端、わ）

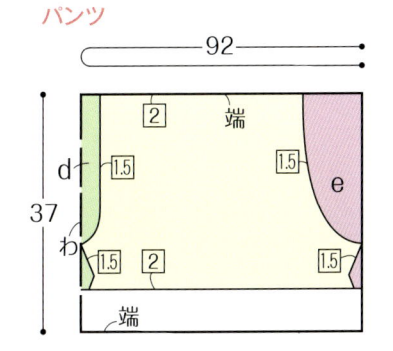

1 てぬぐい1枚をカットする
端／後ろ／前／後ろ

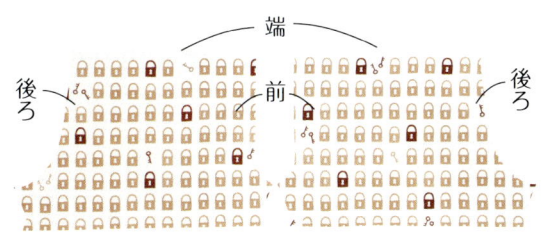

2 パンツ布を中表に合わせ、前後の股上をぬう
折り伏せぬい／端／折り伏せぬい／ぬいしろを右パンツ側に倒す／ぬいしろを左パンツ側に倒す／左パンツ（表）／前／後ろ

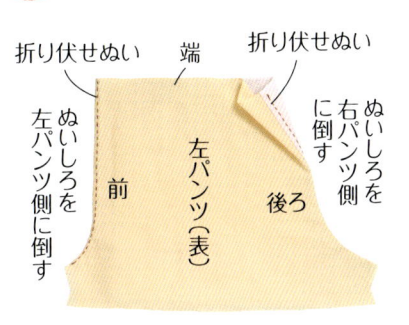

3 股下をぬう
前（表）

ぬいしろを後ろに倒す
折り伏せぬい／前（表）／後ろ（裏）／ぬい

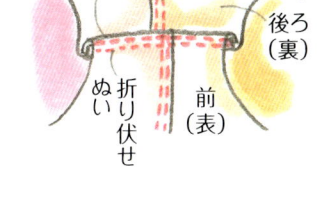

4 ウエストと裾をぬう
前（表）／後ろ（裏）／2／端
1ぬい残し、ゴムテープ通し口にする
二つ折りにして並ぬい
前（表）
三つ折りにして並ぬい／1.5

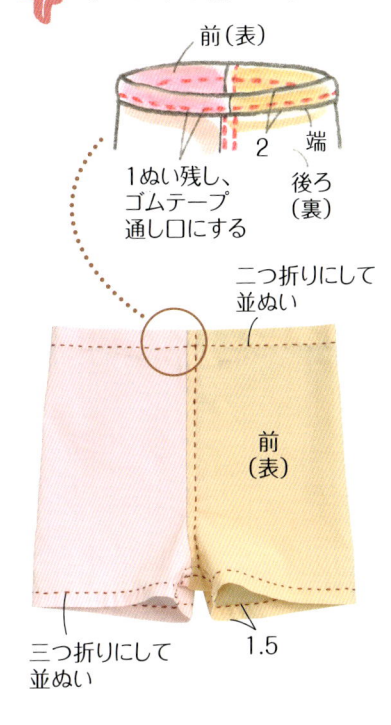

5 ウエストにゴムテープを通す
ゴムテープ長さ40を通す

LESSON パンツ

じんべい（上着）

1 てぬぐい1枚をカットする

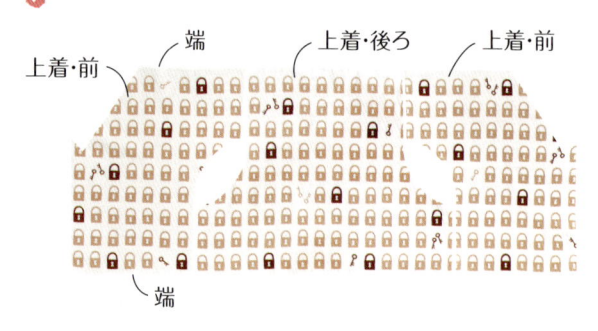

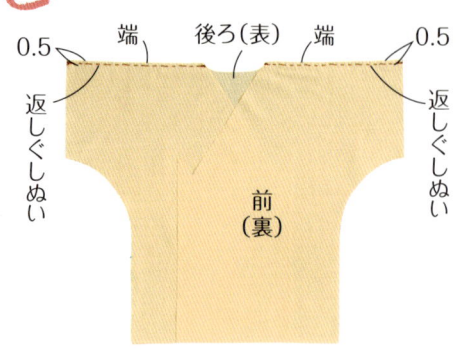

上着・前　端　上着・後ろ　上着・前
端
端

2 肩をぬう

0.5　端　後ろ（表）　端　0.5
返しぐしぬい　　　　　　　返しぐしぬい
前（裏）

3 袖下から脇をぬう

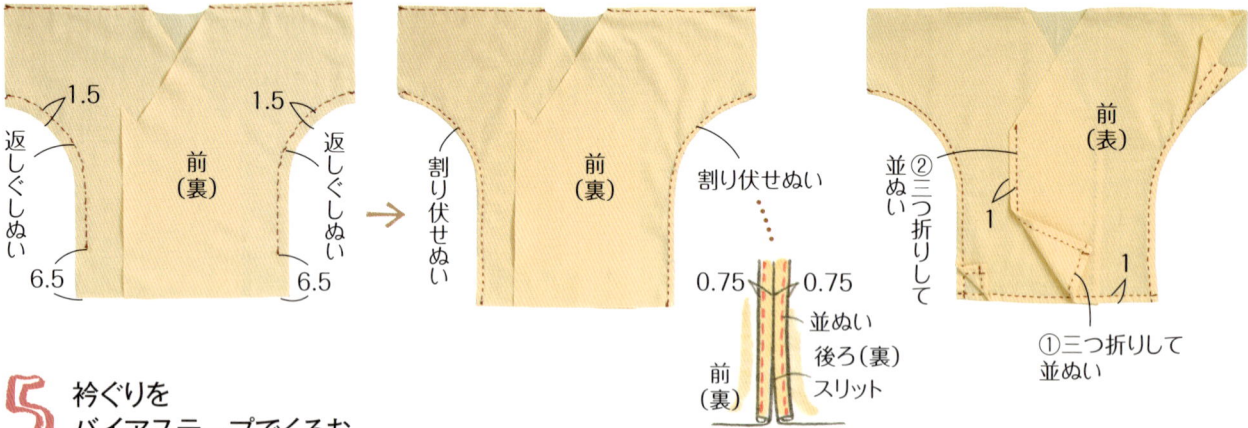

1.5　1.5
返しぐしぬい　前（裏）　返しぐしぬい
6.5　6.5
→
割り伏せぬい　前（裏）　割り伏せぬい
0.75　0.75
並ぬい
前（裏）　後ろ（裏）
スリット

4 裾と前端をぬう

前（表）
②三つ折りして並ぬい　1
1
①三つ折りして並ぬい

5 衿ぐりをバイアステープでくるむ

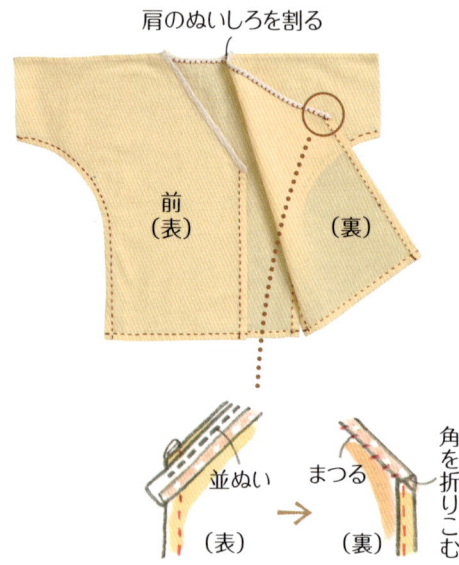

肩のぬいしろを割る
前（表）　（裏）
並ぬい（表）→まつる（裏）　角を折りこむ

6 袖口をぬい、テープをつける

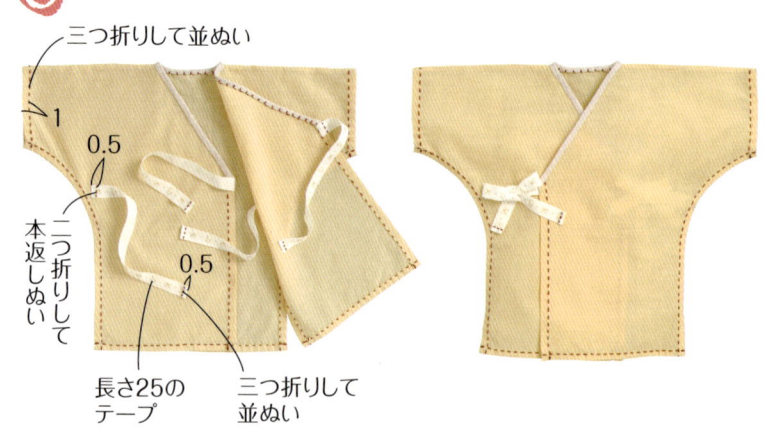

三つ折りして並ぬい
1
0.5
二つ折りして本返しぬい
0.5
長さ25のテープ
三つ折りして並ぬい

帽子

● LESSON

● 用意するものは47ページ

[裁ち方]
➡ 型紙は54ページ
□ の数字のぬいしろを含む
● 単位＝cm

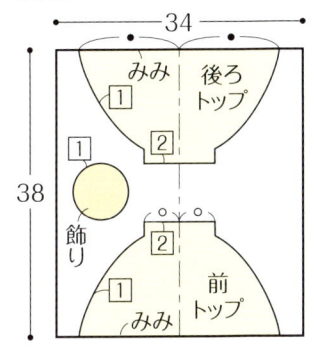

34 × 38
みみ / 後ろトップ
飾り
みみ / 前トップ

1 ゲストタオル1枚をカットする
後ろトップ / みみ
飾り
前トップ / みみ

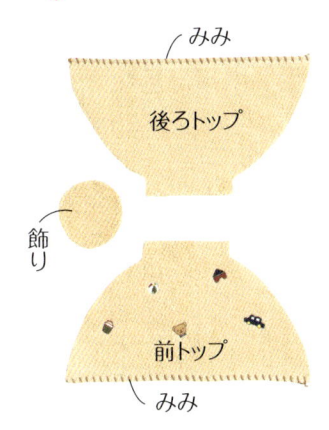

2 トップを中表に合わせ、両脇をぬう
返しぐしぬい
前トップ（裏）
みみ

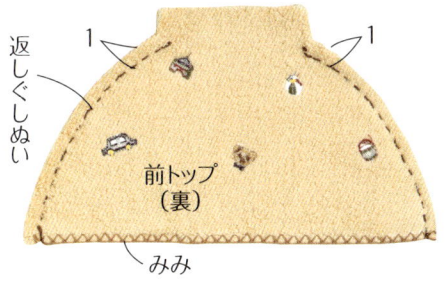

3 ぬいしろをニットテープでくるむ
ニットテープ
前トップ（裏）
両端を1折りこむ
並ぬい → 1折る（裏）
まつる（裏）

4 トップをぬう
ぐしぬい
飾り（表）
ぐるりと輪にぐしぬい
前トップ（裏）

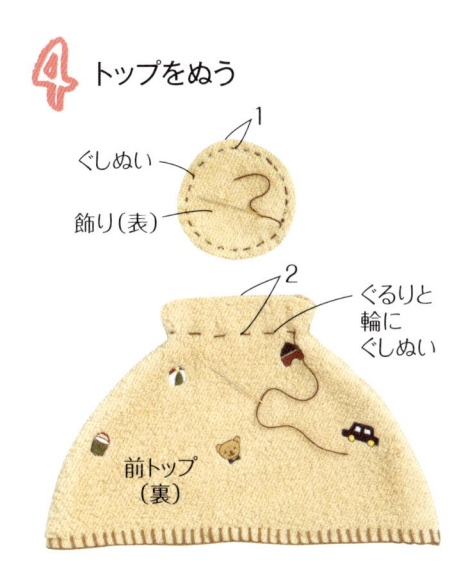

5 トップに飾りをつける
①トップを絞る
②ぬいしろを中に折りこみながら、トップをくるんで絞る
前トップ（表）
ぬいとめる

フェイスタオルとゲストタオルで ポンチョと帽子

作り方 45、47

フェイスタオルとゲストタオルで ポンチョと帽子

[12ヵ月～24ヵ月くらい]

お風呂上がりや水遊びのあとなど、じっとしていない赤ちゃんに素早く着せることができるデザイン。
おそろいの帽子があれば、体温調節のときのウエアとしても重宝です。かわいい刺しゅう入りのペアタオルで作ります。

LESSON

ポンチョ

RECIPE

●用意するもの

◉ポンチョ
フェイスタオル[キディベア]
　…34×80cm
ニットテープ[縁どり]
　…1.1cm幅170cm
手ぬい糸[シャッペスパン]
　…ベージュ(#276)

◉帽子
ゲストタオル[キディベア]
　…34×38cm
ニットテープ[縁どり]
　…1.1cm幅40cm
手ぬい糸[シャッペスパン]
　…ベージュ(#276)

[裁ち方]

➡部分型紙aは54ページ
➡型紙の使い方は19ページ
●単位=cm

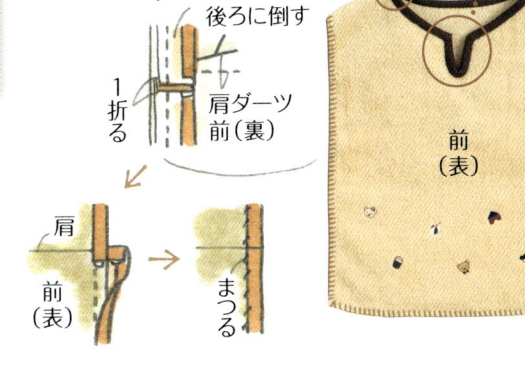

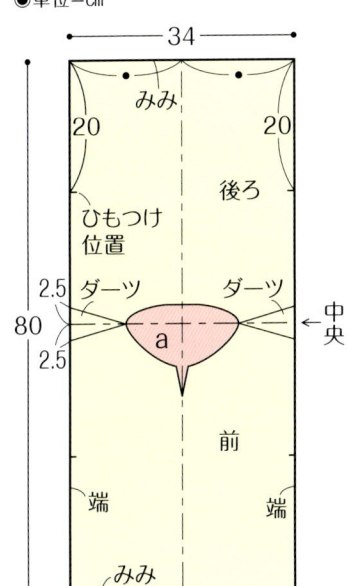

1 フェイスタオル1枚をカットする

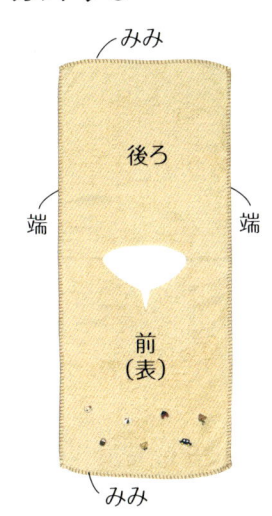

みみ / 後ろ / 端 / 端 / 前(表) / みみ

2 中表に合わせ、肩ダーツをぬう

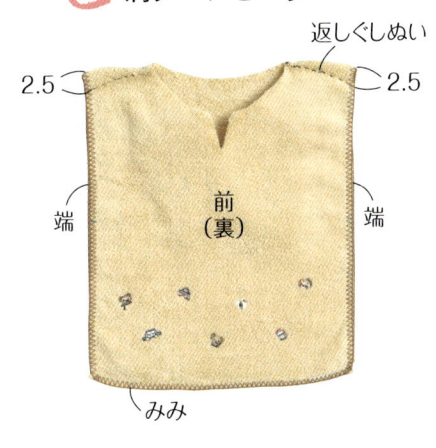

返しぐしぬい / 2.5 / 2.5 / 端 / 前(裏) / 端 / みみ

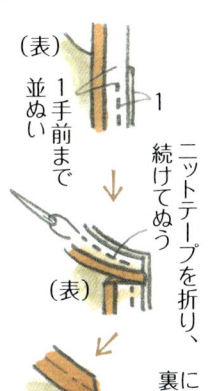

3 衿ぐりをニットテープでくるむ

[角のぬい方]

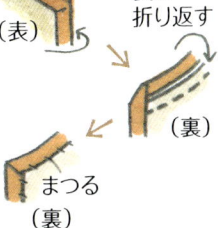

ニットテープ 後ろに倒す
1折る
肩ダーツ 前(裏)
肩 前(表) まつる

(表) 1手前まで並ぬい
ニットテープを折り、続けてぬう
(表)
(表) 裏に折り返す
まつる (裏)

4 ニットテープでひもを作って、両脇につける

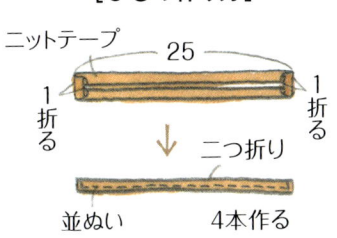

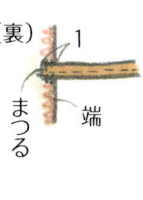

[ひもの作り方]

ニットテープ 25
1折る / 1折る
二つ折り
並ぬい 4本作る

前(表) / 20 / (裏) 1 端 まつる

LESSON ポンチョ

RECIPE

🐻 用意するもの

ゲストタオル[無撚糸バニーC]
　…33×40cmを1枚
レース…2cm幅8.5cm
手芸綿…適量
手ぬいステッチ糸[MOCO]
　…茶色(#89)
手ぬい糸[シャッペスパン]
　…クリーム色(#30)

[裁ち方]
- ○の数字のぬいしろをつけて裁つ
- □の数字は含まれるぬいしろ
- ●単位=cm

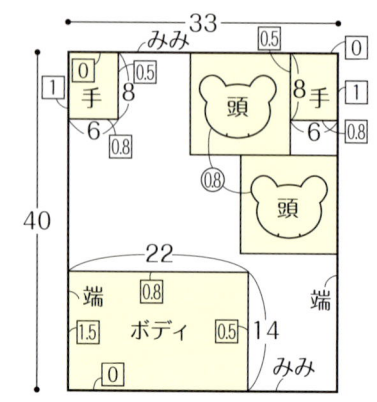

ゲストタオル1枚で クマのぬいぐるみ

作り方 49

[12ヵ月〜]

手を入れて遊ぶことができるクマさんです。
何でもお口に入れる赤ちゃんのおもちゃだから、
首や手足はしっかりぬいとめて。
汚れたらざぶざぶお洗濯できるのも、タオルならではです。

PATTERN

1/2 型紙
200％に拡大

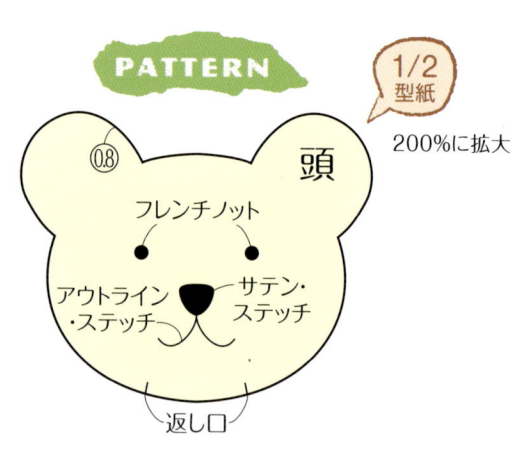

頭
- フレンチノット
- アウトライン・ステッチ
- サテン・ステッチ
- 返し口

LESSON

クマのぬいぐるみ

1 ゲストタオルをカットする

2 頭を作る

①前面に、目、鼻、口の印をつけて、刺しゅうする（35ページ参照）

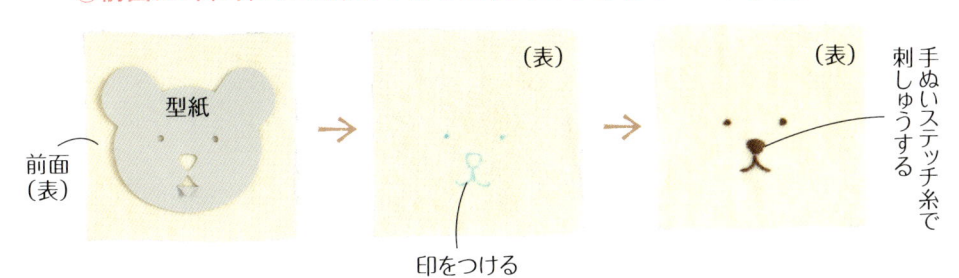

型紙 / 前面（表） → 印をつける → 手ぬいステッチ糸で刺しゅうする（表）

②頭を中表に合わせ、返し口を残してぬう

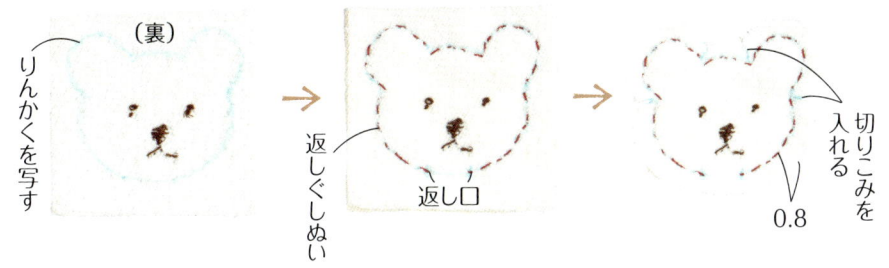

りんかくを写す（裏） → 返しぐしぬい・返し口 → 切りこみを入れる 0.8

③表に返して綿をつめ、返し口をまつる

コの字まつりでまつる

3 手とボディを作る

①手とボディをそれぞれ外表に折り、端をぬう

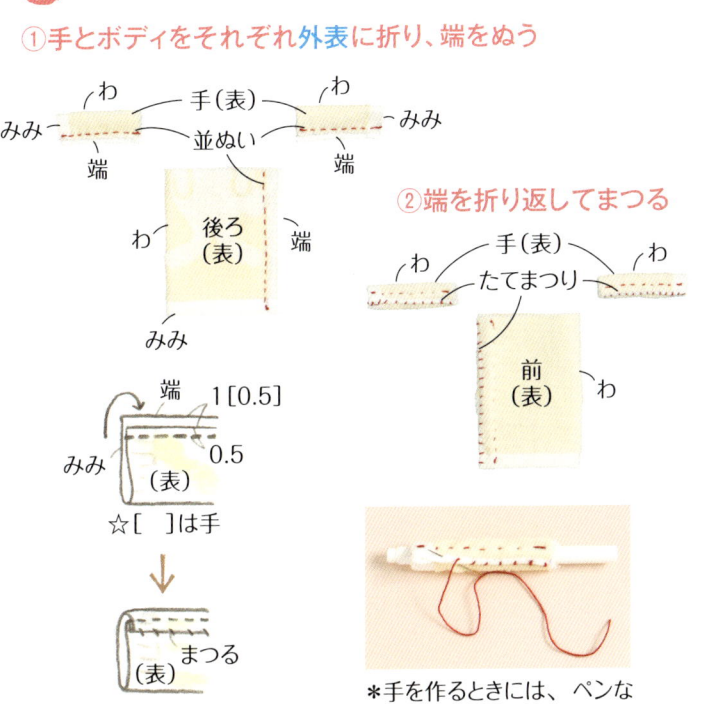

わ―手（表）―わ / みみ―並ぬい―みみ / 端
後ろ（表） わ / みみ / 端
端 1［0.5］ / みみ 0.5（表）
☆［ ］は手
→ まつる（表）

②端を折り返してまつる

わ―手（表）―わ / たてまつり
前（表） わ

＊手を作るときには、ペンなどを入れるとぬいやすくなります。

4 頭、ボディ、手をつなぎ、首もとにリボンをつける

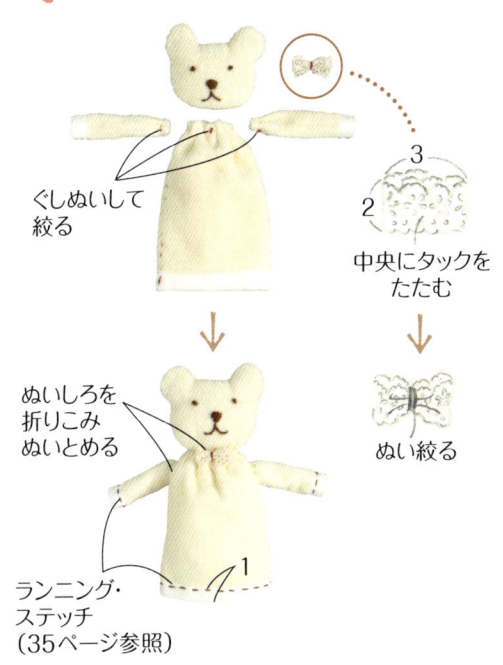

ぐしぬいして絞る
ぬいしろを折りこみぬいとめる
ランニング・ステッチ（35ページ参照） 1

3 中央にタックをたたむ → 2 ぬい絞る

クマのぬいぐるみ

PATTERN

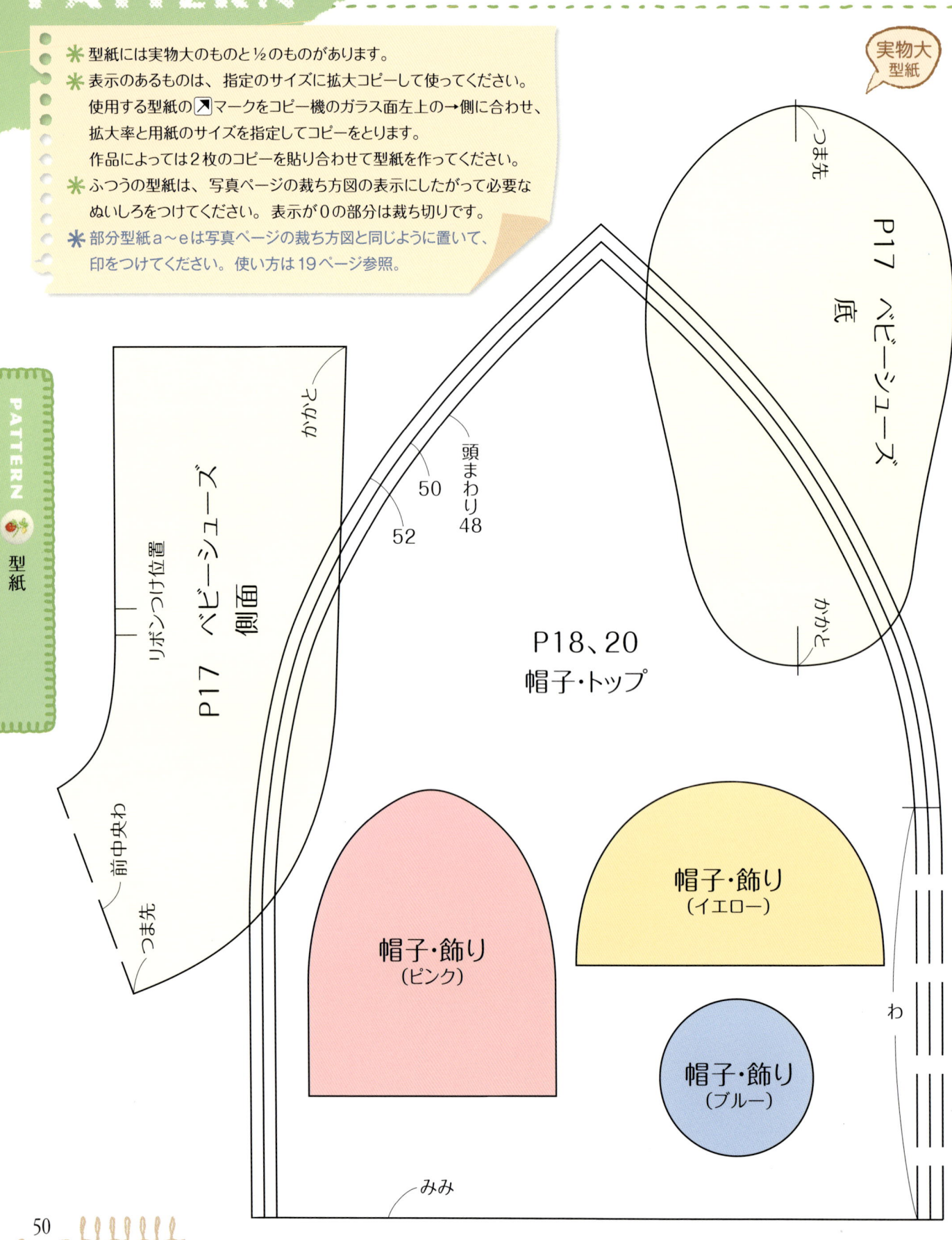

* 型紙には実物大のものと½のものがあります。
* 表示のあるものは、指定のサイズに拡大コピーして使ってください。使用する型紙の⬈マークをコピー機のガラス面左上の→側に合わせ、拡大率と用紙のサイズを指定してコピーをとります。作品によっては2枚のコピーを貼り合わせて型紙を作ってください。
* ふつうの型紙は、写真ページの裁ち方図の表示にしたがって必要なぬいしろをつけてください。表示が0の部分は裁ち切りです。
* 部分型紙a～eは写真ページの裁ち方図と同じように置いて、印をつけてください。使い方は19ページ参照。

実物大型紙

P17 ベビーシューズ 底
つま先
かかと

P17 ベビーシューズ 側面
リボンつけ位置
かかと
頭まわり 48
50
52
前中央わ
つま先

P18、20 帽子・トップ
わ
みみ

帽子・飾り（ピンク）

帽子・飾り（イエロー）

帽子・飾り（ブルー）

P25 コンビロンパース

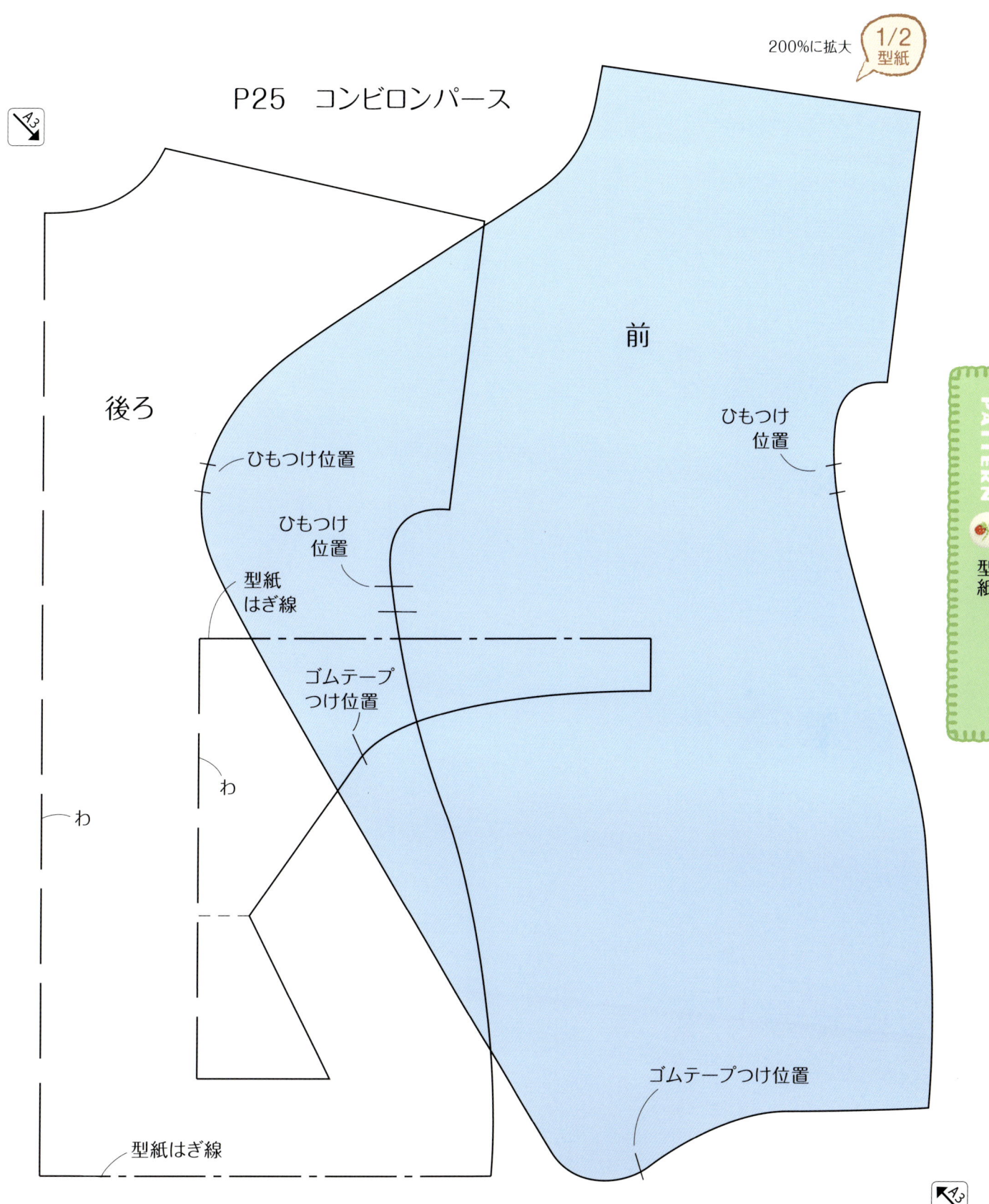

200%に拡大 1/2型紙

前

後ろ

ひもつけ位置

ひもつけ位置

ひもつけ位置

型紙はぎ線

ゴムテープつけ位置

ゴムテープつけ位置

わ

わ

型紙はぎ線

PATTERN 型紙

PATTERN

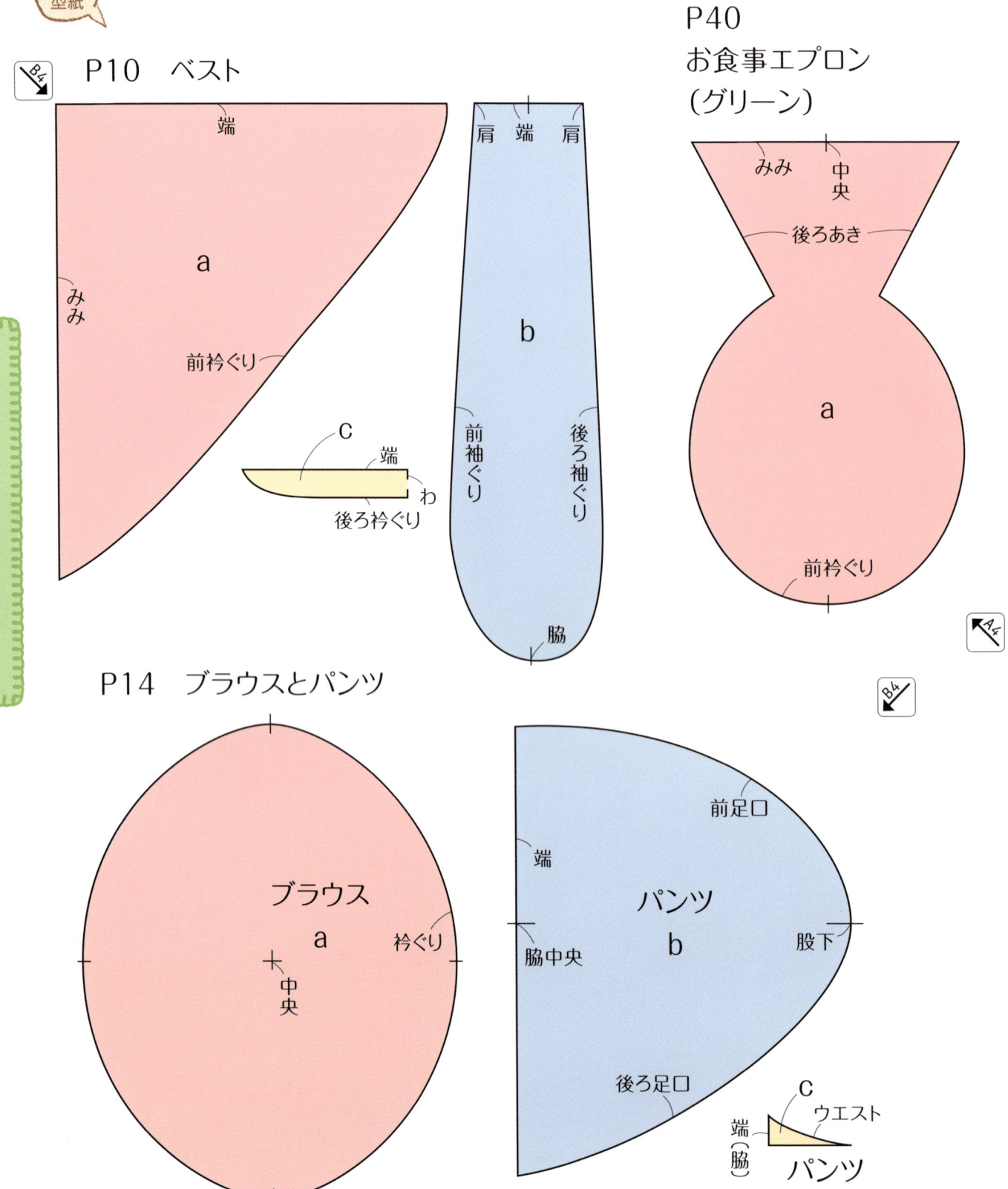

型紙の使い方は50ページをご覧ください

1/2 型紙 200%に拡大

P10　ベスト

- a：端／みみ／前衿ぐり
- b：肩／端／肩／前袖ぐり／後ろ袖ぐり／脇
- c：端／わ／後ろ衿ぐり

P40　お食事エプロン（グリーン）

- a：みみ／中央／後ろあき／前衿ぐり

P14　ブラウスとパンツ

- ブラウス a：衿ぐり／中央
- パンツ b：前足口／端／脇中央／股下／後ろ足口
- パンツ c：ウエスト／端（脇）

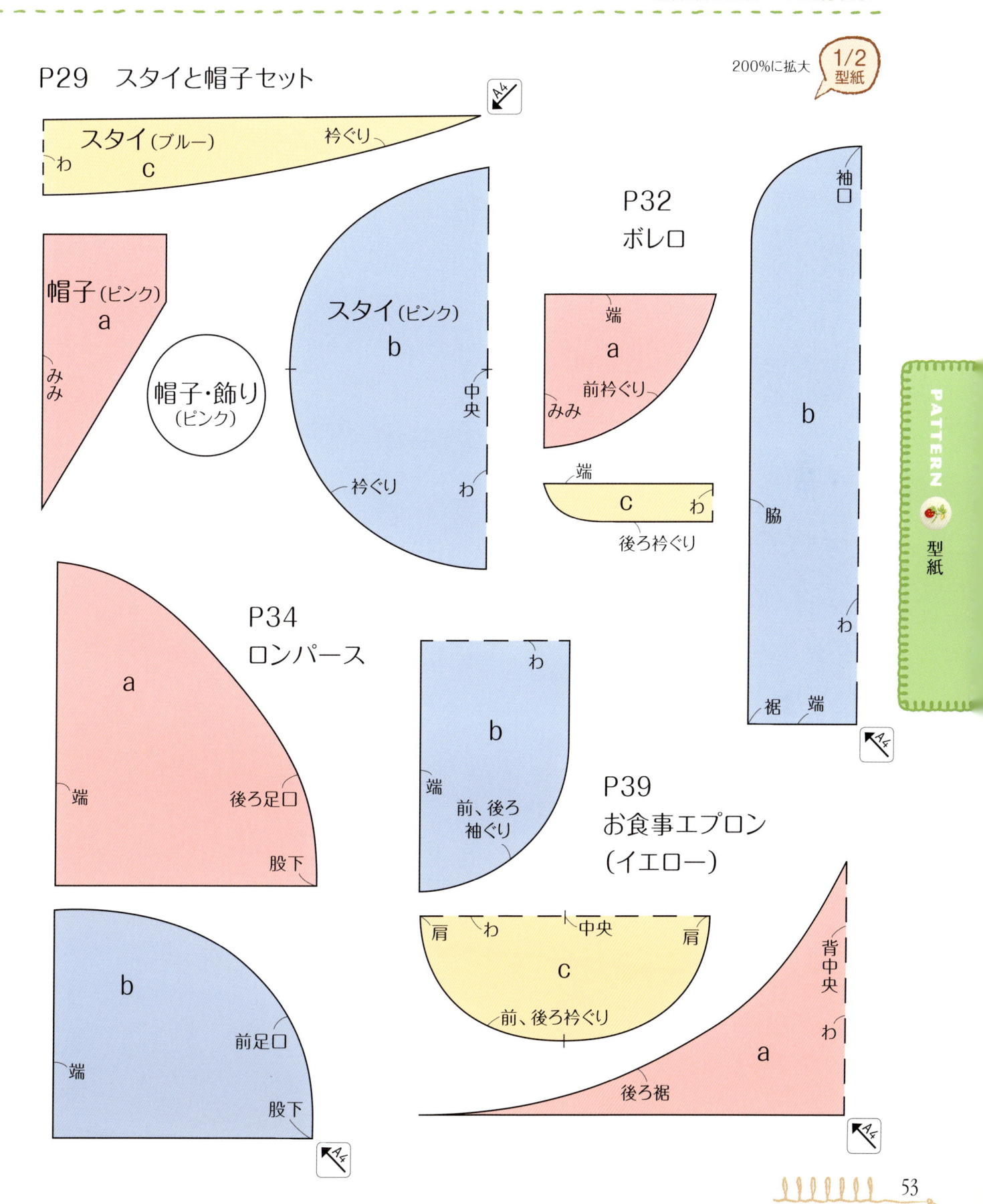

型紙の使い方は50ページをご覧ください

200%に拡大 1/2型紙

P29 スタイと帽子セット

スタイ(ブルー) c
わ／衿ぐり

帽子(ピンク) a
みみ

帽子・飾り(ピンク)

スタイ(ピンク) b
中央／衿ぐり／わ

P32 ボレロ

a
端／前衿ぐり／みみ

c
端／後ろ衿ぐり／わ

b
袖口／脇／わ／裾／端

P34 ロンパース

a
端／後ろ足口／股下

b
わ／端／前、後ろ袖ぐり

P39 お食事エプロン(イエロー)

c
肩／わ／中央／肩／前、後ろ衿ぐり

a
背中央／わ／後ろ裾

b
端／前足口／股下

PATTERN 型紙

53

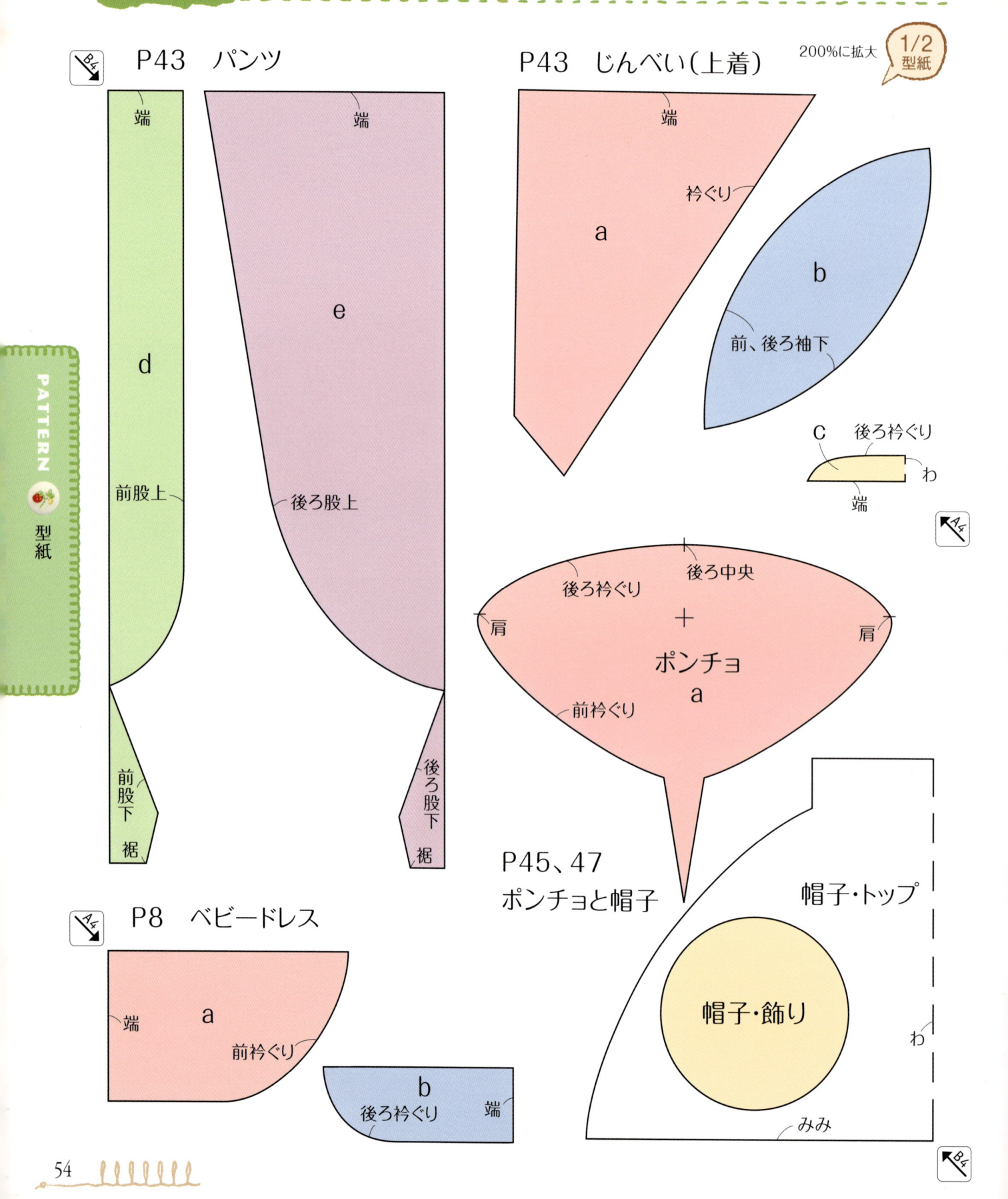

PATTERN

型紙の使い方は50ページをご覧ください

200%に拡大 1/2型紙

P43 パンツ

- d（端、前股上、前股下、裾）
- e（端、後ろ股上、後ろ股下、裾）

P43 じんべい（上着）

- a（端、衿ぐり）
- b（前、後ろ袖下）
- c（後ろ衿ぐり、わ、端）

P45、47 ポンチョと帽子

- ポンチョ a（後ろ衿ぐり、後ろ中央、肩、前衿ぐり）
- 帽子・トップ（わ、みみ）
- 帽子・飾り

P8 ベビードレス

- a（端、前衿ぐり）
- b（後ろ衿ぐり、端）

型紙

INDEX

あ

合印…19

あきどまり…14、44
洋服の着脱をスムーズにするなど、目的があってあけておく部分のことを「あき」という。このあきが終わる位置を「あきどまり」といい、ここでぬい終わる。

足口(バイアステープ)…15

糸通し(スレダー)…2、20、23

糸の長さ、通し方…20

ウエスト…15、43

後ろ端(バイアステープ)…41

内ひも…10、27

衿ぐり(バイアステープで輪にくるむ)
　…14、30、47

衿ぐり(バイアステープで前、後ろあきをくるむ)
　…9、10、26、36、40、41、44

折り伏せぬい…5

か

返しぐしぬい…4

返し口…37、49

飾り(くるみボタン)…23

飾り(ポンポン)…30、45

肩(返しぐしぬい)…10、44

肩(並ぬい)…36

肩(袋ぬい)…26

肩(割り伏せぬい)…8

肩ひも…35

型紙作り…19

基本ぬい…4、5、21

切りこみ…8、49
曲線や凹んだ部分のラインをきれいに出すために、ぬいしろに入れる切れ目。または、必要な部分に入れる切れ目のこと。

ぐしぬい…30、45
一般的には針目をそろえてぬう並ぬいのことをいうが、本書では布をぬい縮めるときのぬい方を指す。大きな針目の並ぬいのこと。

コの字まつり…4

ゴムテープの端…15

ゴム通し口(バイアステープ)
　…14、30

ゴムウエスト(共布)…15、43

さ

サイズ(寸法)…1

刺しゅう…35

印つけ…19

裾(三つ折り)…14、43

裾まわり(バイアステープ)…26

ステッチ糸…2

スリット…14、44
動きやすくするためにブラウスの脇などに入れる切れ目のこと。スリットのとまり位置を「スリットどまり」という。

スレダー(糸通し)…2、20、23

袖下(並ぬい)…9

袖口(三つ折り)…26、44

袖口(バイアステープ)…36

袖ぐり(バイアステープ)…9、36、41

外表…20

外ひも…10、27

た

ダーツ…47
布を立体的にするつまみのこと。布を裏からつまんでぬい、形を立体的にする。

タオル…3

裁ち方…19

タック…37、49
布をつまんでつける、ぬいひだのこと。形を立体的にする。

たてまつり…4

玉どめ…21

玉結び…21

爪アイロン…5
親指の爪を布に垂直に当てて動かして布に折り線をつけること。てぬぐいのようなフラットな布のときには、ぬいしろを割ったり、折るときに使ってもよい。

手ぬい糸、手ぬい針…2

てぬぐい…3

道具…2

な

中表…20

並ぬい…4

ぬい終わり(玉どめ)、ぬい始め…21

は

バイアステープ…22

端…
本書では、タオルとてぬぐいの左右の端のことを指す。

ひも通し…2

ファスナップ…
樹脂製スナップの凸凹が中央についているリボン状のテープ。テープの両側を布にぬいつければ、スナップつけが終わります。

ファスナップ(前端)…9

ファスナップ(股下)…27、34

ファスナップ(その他)…31、40

袋ぬい…5

部分型紙…19

二つ折り…21

本返しぬい…4

ま

股上、股下(折り伏せぬい)…43

三つ折り…21

みみ…
一般的には布地の両端のことを指すが、本書ではタオルの上下の端のこと。

ら

ループ…36

わ

わ…21

脇(返しぐしぬい)…14、15、41

脇(並ぬい)…34

脇(バイアステープ)
　…30、31、36、45

脇(袋ぬい)…26

脇(割り伏せぬい)…44

割り伏せぬい…5

割る(ぬいしろ)…5
ぬい合わせたぬいしろを左右に開くこと。

索引

作品制作……アトリエAmy
　　　　　（安藤明美、深津弥恵子、栗原弘子、森谷愛湖、
　　　　　　水野法子、福留千恵美、関かおり、高山聡美）
撮影……中島繁樹
スタイリング……井上輝美
イラストレーション……堀江かつ子
パターントレース……安藤デザイン
本文デザイン……わたなべげん
カバーデザイン……サイクルデザイン
編集……渡辺道子、望月いづみ
　　　　クリエイトONO（大野雅代）

◎この本でご協力いただいた会社

内野株式会社…タオル
〒103-0012　東京都中央区日本橋堀留町1-7-15
TEL 03-3661-7501

キャプテン(株)…バイアステープ
〒545-0021　大阪市阿倍野区阪南町1-7-15
TEL 06-6622-0241

清原(株)…ボタン、アップリケ
〒541-8506　大阪市中央区南久宝寺町4-5-2
TEL 06-6252-4735(大阪)03-3861-7109(東京)

クロバー(株)…用具
〒537-0025　大阪市東成区中道3-15-5
TEL 06-6978-2277(お客様係)

(株)ちどり屋(てぬぐい専門店)…てぬぐい
〒103-0013　東京都中央区日本橋人形町1-7-6
TEL 03-5284-8230

(株)フジックス…ぬい糸、ステッチ糸(MOCO)
〒603-8322　京都市北区平野宮本町5番地
TEL 075-463-8111

◎撮影協力

アワビーズ
〒151-0051　東京都渋谷区千駄ヶ谷3-50-11
TEL 03-5786-1600

著者プロフィール
高橋恵美子

東京に生まれる。文化服装学院ハンディクラフト科卒業後、「はじめて手づくりをする人のためのやさしい手ぬい」を提案する手芸家として活躍。手ぬいをするための道具や布、糸などに関する商品も企画開発する。東京、名古屋、大阪、福岡、小倉、京都、広島、新潟で手ぬい教室を開催している。手ぬい講習を中心とする《日本手ぬい普及協会》、手ぬいの情報を発信する《手ぬいクラブ》を主宰。『手ぬいでチクチクやわらかいバッグ』(日本ヴォーグ社)『着物をリフォーム』(角川SSコミュニケーションズ)『いちばん縫いやすいおさいほうの基本』(PHP研究所)、『手ぬいで作るベビー服とこもの』(小社刊)など、著書は60冊以上。

高橋恵美子 手ぬいクラブ

手ぬいを通して人とふれあい、より多くの人に手ぬいの楽しさを感じてもらうために設立した情報交換の場。手ぬい教室案内、作品展、掲載誌、新刊本などの情報も多数。
〈手ぬいクラブ〉についての資料をご希望の方は、封筒に80円切手を同封し、郵便番号、住所、氏名、電話番号を明記の上、下記宛先まで郵送してください。

〒190-0032　東京都立川市上砂町1-3-6-19
「手ぬいクラブ」宛
ホームページ　tenuiclub.com
オリジナル製品のネットショップ　emico-co.com

基礎からはじめる赤ちゃん服

平成22年10月15日 初版第1刷発行

著者●高橋恵美子
発行者●穂谷竹俊
発行所●株式会社 日東書院本社
〒160-0022　東京都新宿区新宿2丁目15番14号　辰巳ビル
TEL●03-5360-7522(代表)　FAX●03-5360-8951(販売部)
振替●00180-0-705733　URL●http://www.TG-NET.co.jp

印刷・製本所●株式会社 東京印書館

本書の無断複写複製(コピー)は、著作権上での例外を除き、著作者、出版社の権利侵害となります。
乱丁・落丁はお取り替えいたします。小社販売部までご連絡ください。
本書は2008年4月に雄鶏社より刊行された
『基本からはじめる　タオル、てぬぐいでつくる手ぬいの赤ちゃん服』を改訂したものです。

© Emiko Takahashi 2010,Printed in Japan ISBN 978-4-528-01860-0 C2077